比较优势与产业政策有效性

基于中国实践的研究

Comparative Advantage
and Industrial Policy Effectiveness:

A Study Based on Chinese Practice

赵婷 著

经济管理出版社
ECONOMY & MANAGEMENT PUBLISHING HOUSE

图书在版编目（CIP）数据

比较优势与产业政策有效性：基于中国实践的研究/赵婷著 . —北京：经济管理出版社，2023.10
ISBN 978-7-5096-9086-4

Ⅰ.①比… Ⅱ.①赵… Ⅲ.①产业政策—研究—中国 Ⅳ.①F269.22

中国国家版本馆 CIP 数据核字（2023）第 112883 号

责任编辑：梁植睿
责任印制：黄章平
责任校对：张晓燕

出版发行：经济管理出版社
　　　　　（北京市海淀区北蜂窝 8 号中雅大厦 A 座 11 层　100038）
网　　　址：www. E-mp. com. cn
电　　　话：(010) 51915602
印　　　刷：唐山玺诚印务有限公司
经　　　销：新华书店
开　　　本：720mm×1000mm/16
印　　　张：12
字　　　数：191 千字
版　　　次：2023 年 10 月第 1 版　　2023 年 10 月第 1 次印刷
书　　　号：ISBN 978-7-5096-9086-4
定　　　价：88.00 元

前　言

　　中国广泛实施产业政策，产业政策在促进经济发展的同时也产生了一些弊端，未来如何更有效地实施产业政策成为理论层面和实践层面共同关心的问题。这就需要我们对中国产业政策的认识不能只停留在政策效果上，还需要深刻认识到中国产业政策制定和实施过程中的特征规律以及政策效果产生的条件。现有研究中国产业政策的文献主要集中于评估特定政策效果，对中国产业政策特征规律研究的文献只在比较短的时间维度内研究了中央产业政策与地方产业政策的关系，对中国产业政策成功实施条件的研究文献既没有区分中央产业政策和地方产业政策，也没有研究政策效果的异质性。本书则弥补现有研究中存在的这些不足，对中国产业政策在区分中央产业政策和地方产业政策的基础上，基于中国的五年规划（计划）和比较优势视角对这两个角度的问题做了进一步深入研究。针对中国产业政策的特征规律，本书在更长的时间维度上研究了中央产业政策与地方产业政策各自的特征规律和相互关系；针对中国产业政策成功实施的条件，本书研究了中国地方产业政策成功实施的条件，并从制度角度研究了政策效果在区域间产生差异的原因。这些问题是研究中国产业政策的基础问题和重要问题，对于这些问题的研究有助于我们更深入、更科学地认识和研究中国产业政策，为更有效地实施中国产业政策提供指引。

　　中国产业政策区分为中央产业政策和地方产业政策，中央产业政策往往成为地方政府制定产业政策的重要参考依据。这就需要我们首先知道中央出台了哪些产业政策、存在怎样的特征规律，再进一步分析地方产业政策与中央产业政策存在怎样的关系。特别地，在一个地区间发展差异非常大且地方政府对经济具有较强影响的大国里，地方产业政策是否遵循辖区的比较优势？如果偏离，可能的动机是什么？本书首先对中国产业政策存在的这些特征规律进行研究，然后研究是不是地方政府遵循辖区比较优势的产业政策促进了产业发展并培育起产业的显性比较优势，以及这个规律在区域间是否存在差异和区域差异产生的原因，并进一步研究是不是地方政府违背辖区比较优势的产业政策导致了僵尸企业的产生。

本书在第二章文献综述中对与本书研究问题密切相关的文献进行了比较全面、系统的梳理，在说明本书研究贡献的同时也为后续的理论分析做准备。经济上充分发挥地方积极性、政治上坚持党中央集中统一领导的激励机制构成了改革开放以来中国经济发展的制度背景，是分析中央和地方关系以及地方政府行为的基本理论框架，也是本书分析中央产业政策与地方产业政策的关系和地方政府制定产业政策的行为动机的基本理论框架。这个激励机制和中国产业政策的历史演变特征，以及分工的益处和分工的微观基础共同构成了本书分析中国产业政策特征规律的理论基础。本书第四章在对这三支文献进行综述的基础上从理论上说明了以下三个问题是重要的研究问题：中央产业政策存在怎样的类型和特征规律、中央产业政策与地方产业政策存在怎样的关系、地方产业政策是否遵循辖区的比较优势以及违背的动机是什么。本书第五章在对比较优势与产业政策效果的研究文献、区域战略的研究文献和比较优势的演变路径的研究文献进行综述的基础上，从理论上说明为什么地方政府遵循辖区比较优势的产业政策更容易培育起产业的显性比较优势，而违背辖区比较优势的产业政策则导致僵尸企业的产生，并进一步通过对产业政策成功实施条件的研究文献进行综述，从理论上说明为什么遵循比较优势的产业政策培育起产业的显性比较优势还需要良好的制度环境。

在理论分析基础之上，本书使用手工整理的产业政策数据、中国工业企业数据库等数据，使用产品空间文献构建的 *density* 指标度量潜在比较优势，使用文本分析、双重差分、三重差分、双向固定效应模型和分组回归的研究方法，分别在第四章和第五章对这些问题进行了实证研究。在实证研究之前，本书在第三章对数据的来源、收集整理和清理过程以及核心解释变量和被解释变量的具体计算过程进行了详细介绍。本书在第四章首先使用文本分析方法，在对 1989 年我国第一部产业政策颁布以来至 2017 年中央出台的所有产业政策文件进行分类梳理的基础上，研究了中央产业政策的类型和特征规律。鉴于重点产业政策是中央产业政策和地方产业政策的重点，接下来的研究就围绕重点产业政策展开。然后在第四章使用中央和省（自治区、直辖市）国民经济和社会发展五年规划（计划）界定出中央和地方的重点产业，借鉴 Chen 等（2017）使用 Hidalgo 等（2007）构建的 *density* 指标度量潜在比较优势，实证研究了中央重点产业有哪些以及符合哪些地区的比较优势、中央重点产业与地方重点产业存在怎样的关系、地方重点产业是否遵循辖区的比较优势以及偏离的动机是什么。本书在第五章首先使用双重差分方法和双向固定效应模型实证检验是不是地方政府遵循辖区潜在比较优势的产业政策更容易培育起产业的显性比较优势，然后使用分组回归和三重差分方法研究了这个规律在区域间存在差异的制度成因，最后使用双重差分方法从僵尸企业角度检验违背比较优势的产业政策效果。

　　本书对中央产业政策的类型和特征规律的研究发现：①除了具有纲领性的产业结构调整政策以外，中央还出台了针对外商投资的产业政策、鼓励基础行业或高技术行业发展的重点产业政策、平衡区域经济发展的地区指向型产业政策和抑制产能过剩的产业政策；②这些产业政策往往会在经济下滑时集中出台，因而具有反周期的规律；③重点产业政策是中央产业政策的重点，中央不仅在每个五年规划（计划）时期都会出台，而且出台数量也快速增加。

　　接下来，本书围绕重点产业政策，对中央重点产业是什么以及符合哪些地区的潜在比较优势、中央重点产业和地方重点产业的关系、地方重点产业是否遵循辖区的潜在比较优势和偏离的动机是什么的研究发现：①中央重点产业往往是一些处在世界科技前沿的高技术产业，这些产业通常集聚在东部少数发达地区，经过产业政策的扶持，平均来看，在东部地区被动态培育起比较优势，而在中西部地区则始终不具备比较优势；②在"九五"至"十二五"时期，地方重点产业中来自中央的重点产业所占比例越来越高，这种现象尤其明显地出现在中西部地区；③平均来看，东部地区这样做是正确的，东部地区发展的属于中央的重点产业被动态培育起了潜在比较优势和显性比较优势，而中西部地区这样做就是在偏离辖区的比较优势，中西部地区发展的属于中央的重点产业始终不具备潜在比较优势，在中部地区也始终不具备显性比较优势，在西部地区的显性比较优势逐渐消失；④地方政府这种不顾及辖区的比较优势来跟随中央重点产业政策的行为并不是地方政府的盲目行为和能力有限所致，因为中西部地方政府发展的不属于中央的重点产业符合辖区的比较优势，这说明中西部地方政府具备识别本辖区比较优势的能力；⑤中西部地方政府为什么要不顾及自身的比较优势来跟随中央重点产业政策呢？本书通过对开发区的研究发现，这是为了获得来自中央的资源支持，地方政府发展越多的中央重点产业，就能够获批越多的国家级开发区，这种现象就出现在西部地区。

但是，地方政府违背辖区比较优势的产业政策效果并不好。本书对地方产业政策成功实施条件的研究发现：①不论是在短期还是在长期，都是遵循比较优势的产业政策能够促进产业发展并培育起产业的显性比较优势；②这个规律在东部有，在中西部没有，也就是在中西部地区即便扶持有比较优势的产业也没有产生相应效果，这是因为制定出符合经济规律的产业政策仅是第一步，政策效果的产生还需要产业政策得到有效实施，这就需要良好的制度环境来保障，东部地区通常有比中西部地区更好的制度环境来避免寻租和腐败，从而保障产业政策得到有效实施，因此，这个规律的区域差异背后是制度环境的差异；③违背比较优势的产业政策则很可能会导致僵尸企业的产生。

不同于以往研究中国产业政策的文献，本书将中国产业政策区分为中央产业政策和地方产业政策，基于中国的五年规划（计划）和比较优势视角，对中国产业政策的特征规律和成功实施的条件进行更为深入的研究。这既有助于我们更深入地认识和研究中国产业政策，为未来更有效地实施中国产业政策提供指引，也对中国产业政策、产业政策以及中国地方政府行为和区域战略等研究具有重要贡献。

目　录

第一章　导论

第一节　本书的研究背景和研究问题

中国广泛实施产业政策，围绕是否要有产业政策存在着激烈的争论，最著名的就是 2016 年北京大学的林毅夫教授和张维迎教授围绕着是否要有产业政策所展开的激烈争论（林毅夫和张维迎，2016）。在实践中，中国产业政策在促进产业结构调整、投资、出口、经济集聚和技术溢出等方面发挥重要作用的同时（许和连等，2007；苏振东等，2012；宋凌云和王贤彬，2013；黄玖立等，2013；Wang，2013；Du et al.，2014；张杰等，2015；付明卫等，2015；Alder et al.，2016；韩永辉等，2017；Zheng et al.，2017；孙伟增等，2018），也产生了许多弊端（江小涓，1991；江飞涛和李晓萍，2010；施炳展等，2013；韩乾和洪永淼，2014；黎文靖和李耀淘，2014；吴意云和朱希伟，2015；周亚虹等，2015；黎文靖和郑曼妮，2016；吴一平和李鲁，2017；王克敏等，2017；张莉等，2019），越来越多的学者提出中国的产业政策需要转型（江飞涛和李晓萍，2015；吴敬琏，2017）。对于处在转型路口的中国产业政策，如何更好地吸取以往的经验教训，从而更有效地实施产业政策，不仅关系着中国产业政策的实施效果，而且很大程度上影响着中国经济的持续发展。这就需要我们对中国产业政策的认识不能只停留在政策效果上，还需要对政策制定和实施过程中存在的特征规律以及政策效果产生的条件有深入的认识。然而，现有对中国产业政策的研究主要集中于评估特定政策效果，为数不多的几篇研究中国产业政策的特征规律和中国产业政策成功实施的条件的文献，对这方面的问题研究得还不够深入。本书则弥补现有研究中存在的这些不足，将中国产业政策区分为中央产业政策和地方产业政策，基于中国的五年规划（计划）和比较优势视角，对中国产业政策的特征规律和成功实施的条件进行更为深入的研究。本书在更长的时间维度上研究了中央产业政策和地方产业政策各自的特征规律和相互关系，并且研究了中国地方产业政策成功实施的条件以及政策效果在区域间产生差异的原因。

中国产业政策区分为中央产业政策和地方产业政策，中央产业政策和地方产业政策存在怎样的特征规律和关系就成为研究中国产业政策的重要问题。中国于 20 世纪 80 年代在学习日本经验的基础上引入产业政策后，产业政策就成为中央调控经济的重要政策工具，中央密集出台了几乎针对国民经济各个领域的产业政策，然后以行政命令的方式发包给地方政府实施。伴随着经济上充分发挥地方积极性和市场化改革，地方政府逐渐掌握了管理本辖区事务的自主权和资源（周黎安，2008），中央产业政策开始变得更具指导性，更多是让地方政府根据本地的比较优势有选择地实施。与此同时，在实现辖区经济增长最大化和财政收入最大化的目标下，产业政策也成为地方政府推动辖区经济发展和进行地区间竞争的重要政策工具，地方政府成为中国产业政策的实施主体。在地方产业政策制定中，中央产业政策往往是地方政府制定产业政策的重要参考依据。这就需要我们首先知道中央出台了哪些类型的产业政策、存在怎样的特征规律，然后是地方产业政策与中央产业政策存在怎样的关系。特别地，地方产业政策是否遵循辖区的比较优势，如果违背了①，可能的动机是什么？因为根据区域经济协调发展的客观规律，地方政府参与地区间分工、遵循辖区比较优势制定产业政策，既有利于本辖区的经济效率，也有利于整个大国的竞争力（郑毓盛和李崇高，2003；李力行和申广军，2015；陈钊和熊瑞祥，2015）。然而，经济上充分发挥地方积极性、政治上坚持党中央集中统一领导下的经济增长最大化和财政收入最大化的激励机制在激励地方政府遵循客观经济规律、提高辖区经济效率的同时（Qian and Weingast，1996，1997），也扭曲了地方政府行为，使地方政府往往为了本辖区的利益而退出分工、不顾及辖区比较优势而对中央产业政策"一哄而上"（沈立人和戴园晨，1990；银温泉和才婉茹，2001；周黎安，2004；陆铭等，2004；陆铭等，2007；吴意云和朱希伟，2015）。因此，"地方产业政策是否遵循辖区的比较优势，如果违背了，可能的动机是什么？"就成为本书特别关注的问题。然而，现有对中国产业政策的研究集中于评估特定政策效果，对于中国产业政策存在的这些规律几乎没有文献基于微观数据做出完整回答。在地方政府行为的研究文献中，有少数文献对地方政府制定产业政策的行为动机进行了研究，但是，这些文献几乎都是理论研究，并没有提供相应的经验证据，而且这些文献对地方政府制定产业政策的行为动机分析得也不够全面。政府制定产业政策的行为动机也是产业政策领域的重要研究问题，但是，目前这方面的理论研究和经验研究都比较缺乏。因此，本书从比较优势角度对中国产业政策特征规律的研究，不仅弥补了现有中国产业政策研究中存在的不足，对中国产业政策的研究和有效实施具有重要贡献，而且对产业政策和中国地方政府行为的研究也具有重要贡献。

作为中国产业政策实施主体的地方政府，是否制定和实施遵循辖区比较优势的产业政策才更容易成功？因为往往尊重客观经济规律、促进市场机制发挥的产业政策才更容易成功（World Bank，1993；青木昌彦等，1998）。在

---

① 违背比较优势的产业政策（发展战略）有两种情况：一种是扶持超越地区（国家）发展阶段的产业；另一种是为了维持就业等而对落后产业的保护（林毅夫和孙希芳，2003）。中央的重点产业政策往往是扶持处在世界科技前沿的产业，这些产业可能适合发达地区的比较优势，落后地区为了实现策略性赶超等意图往往跟随中央或发达地区的产业政策，这就导致辖区的产业政策违背比较优势，这种违背比较优势指前者，所以，本书中的违背比较优势同样指前者。

实践中，中国地方产业政策既有成功的也有失败的，但是，目前很少有文献对中国地方产业政策成功或失败的条件进行研究。虽然一些文献从政策工具是否促进竞争、扶持力度的合理区间和政策工具进入、退出的最优时间这些角度研究了中国产业政策成功或失败的条件（邵敏和包群，2012；毛其淋和许家云，2015；张杰和郑文平，2015；黄先海等，2015；戴小勇和成力为，2019），但是这些研究没有对中国产业政策进行中央与地方的区分，可能还不足以解释中国地方产业政策成功或失败的条件，而且对于中国这样一个地区间发展差异非常大的大国，政策效果在区域间是否存在差异，这些文献也没有进行研究。本书则弥补现有研究存在的这些不足，在研究中国产业政策的特征规律之后，从比较优势角度研究了中国地方产业政策成功实施的条件，并进一步从制度角度研究了这个规律产生区域差异的原因。虽然关于比较优势与产业政策的实施效果有很多研究文献，但是这些文献在理论层面围绕着是遵循比较优势还是超越发展阶段、违背比较优势的产业政策能够培育起产业竞争力一直存在分歧（林毅夫等，1994，1999；洪银兴，1997；Redding，1999；林毅夫，2002；王佃凯，2002；郭克莎，2003；张幼文，2005；Lin and Chang，2009）。虽然在理论上更倾向于支持前者，而且为数不多的经验证据也发现遵循比较优势的产业政策有利于经济效率而违背比较优势的产业政策则有损经济效率（林毅夫，2002；林毅夫和刘培林，2003；李力行和申广军，2015；陈钊和熊瑞祥，2015；申广军，2016），但是遵循或违背比较优势的产业政策对于产业竞争力的影响还没有直接的经验证据，是否是遵循比较优势的产业政策能够培育起产业竞争力而违背比较优势的产业政策导致僵尸企业的产生，还有待实证检验。同时，我国地区间发展差异非常大，落后地区往往企图通过发展高新技术产业等这些违背比较优势的产业来实现对发达地区的策略性赶超。据本书所知，目前只有陆铭等（2004）、陆铭等（2007）在一个两期分工决策模型中发现这种策略性赶超很难实现，但是，直接的经验证据几乎没有。因此，本书在对中国产业政策的特征规律研究之后，研究地方政府遵循辖区比较优势的产业政策是否更能促进产业发展并培育起产业的显性比较优势。鉴于中国地区间的发展差异非常大，一些对开发区的研究已经发现中国产业政策效果存在区域差异（Wang，2013；向宽虎和陆铭，2015；Chen et al.，2019），所以，本书进一步研究这个规律在区域间是否存在差异，并从制度角度解释了区域差异产生的原因。然后从僵尸企业角度研究了地方政府违背辖区比较优势的产业政策效果，研究是否是地方政府违背辖区比较优势的产业政策导致了僵尸企业的产生。对这些问题的研究不仅有助于我们更深入地认识中国产业政策实施效果产生的条件和区域差异产生的原因，为未来更有效地实施中国产业政策提供指引，还为比较优势与产业政策效果提供了来自一国内部的经验证据，同时为中国区域战略的研究提供了相应的经验证据，也有利于我们认识僵尸企业产生的深层原因。

本书不仅对中国产业政策的研究和有效实施具有重要的理论和现实意义，而且对产业政策、中国地方政府行为和区域战略等研究也具有重要贡献。

第二节 本书的核心概念

本书基于比较优势视角研究中国产业政策，产业政策和比较优势是两个核心概念。本节首先介绍产业政策概念，从而界定本书所研究产业政策的范围，然后介绍比较优势概念，说明潜在比较优势与显性比较优势的区别，以及在本书的不同研究问题中的使用。

一、产业政策

每个国家对"产业政策"的定义各不相同，文献中通常将产业政策区分为选择性产业政策和功能性产业政策。产业政策是一个被普遍使用的政策工具，但是，各个国家历来对产业政策并没有统一的定义（周叔莲和杨沐，1988；英格利西，1990）。有的学者对产业政策的定义比较宽泛，例如，阿拉格（1985）认为产业政策是与产业有关的一切国家的法令和政策；有的学者对产业政策的定义比较具体，例如，周叔莲（1987）认为产业政策是对一定时期内产业结构变化趋势和目标的设想，同时规定各个产业部门在社会经济发展中的地位和作用，并提出实现这些设想的政策措施。① 目前普遍使用的产业政策概念是在对日本发展经验总结的基础上形成的，通常将产业政策区分为选择性产业政策和功能性产业政策。选择性产业政策按照产业结构变化的目标包括对重点产业进行保护、扶植、加强的政策（以下简称重点产业政策）和对长期萧条与衰退的产业实施的调整政策；功能性产业政策是以提供信息诱导民间企业为中心，最大限度地发挥市场机制作用的政策（植草益，1988）。小宫隆太郎等（1988）更具体地定义选择性产业政策，这个定义更接近植草益（1988）的重点产业政策定义。小宫隆太郎等（1988）认为选择性产业政策是指政府运用财政、金融、税收、行政命令等政策工具，有目的地"促进某种产业的生产、投资、研究开发、现代化和产业改组而抑制其他产业的同类活动的政策"。功能性产业政策作为一种没有歧视的普惠性产业政策是被普遍接受的，作为一种有特定产业指向的选择性产业政策往往备受争议，争论中和研究中的产业政策通常指选择性产业政策。相较于对落后产业的调整，选择性产业政策更普遍用于促进重点产业发展来快速建立起国民经济体系和实现对发达国家（地区）的赶超，鼓励和扶持重点产业发展的重点产业政策往往是政府产业政策的重点，文献中多数也是对重点产业政策的研究，因此，文献中的产业政策多指植草益（1988）的重点产业政策定义和小宫隆太郎等（1988）的定义。

本书研究的产业政策主要指选择产业政策中鼓励重点行业发展的重点产业政策。中国长期以来主要实施的是 20 世纪 80 年代在学习日本经验基础上引入的选择性产业政策，因此，本书研究的产业政策是指选择性产业政策。在研究中央产业政策的特征规律时，产业政策的概念更接近阿拉格（1985）、植草益（1988）的概念，是一个比较宽泛的概念，指中央出台的所有对产业干预的政策，包括在区域、外资等各个领域中的鼓励、淘汰和限制类产业政策。中国作为一个发展中国家，面临快速建立起国民经济体系和实现赶超发

---

① 更多国际、国内学者对产业政策的定义，请参考江小涓（1996）的详细归纳。

达国家的任务，重点产业政策自然成为中国产业政策的重点。本书对中央产业政策的特征规律研究之后，接下来的研究问题围绕重点产业政策展开，产业政策的概念是植草益（1988）的重点产业政策定义和小宫隆太郎等（1988）的定义，指鼓励、扶持特定产业发展的产业政策。中国长期以来的产业政策主要是针对制造业的产业政策，因此，本书所研究的产业政策也是针对制造业的产业政策。

二、比较优势

"比较优势"是来源于国际贸易中的一个概念，虽然比较优势的来源在不断扩展，但是这并没有改变比较优势度量相对成本的本质和作为分工的微观基础。比较优势本质上指某国家或地区发展某个产业或生产某种产品的相对成本最低，通俗来讲就是该国家或地区具有更适合该产业发展或该产品生产所需的资源禀赋、技术条件和制度环境等要素，更具有发展该产业或生产该产品的潜力。这就构成了产业在国家间或地区间分工的微观基础。目前，公认是 Ricardo（1817）最先提出了比较优势理论。Ricardo 以英国和葡萄牙的贸易为例说明，生产任何产品的成本都低的英国和生产任何产品成本都高的葡萄牙，分别通过专业化生产相对成本优势更大和相对成本劣势更小的产品，都能够从国际贸易中获益。在 Ricardo 模型中劳动是唯一的要素投入，比较优势或者相对成本差异来源于劳动生产率的差异。随着国际贸易理论的不断发展，比较优势的来源不再局限于劳动生产率的差异，而是有了较大扩展。Heckscher（1919）、Ohlin（1933）发现国家间或地区间的要素禀赋差异构成了比较优势的来源，构成了产业在国家间或地区间分工的微观基础。伴随着产业内贸易的发展，Krugman（1979，1980）发现规模经济是比较优势的来源。最近，国际贸易领域中的很多研究都发现，制度成为比较优势的重要来源（Beck，2003；Levchenko，2007；Nunn，2007；Manova，2008；Cunat and Melitz，2012；Tang，2012；Nunn and Trefler，2014），而一些研究还发现人口的年龄结构、人力资本的分布等一些新的因素成为比较优势的来源（Grossman and Maggi，2000；Bombardini et al.，2012；Cai and Stoyanov，

2016)，还有一些研究发现比较优势的来源已超出一种因素的作用，而是许多因素的联合作用（Costinot，2005，2009a，2009b）。不论比较优势的来源如何扩展，比较优势度量相对成本的本质没有发生改变，比较优势作为分工的基础没有发生改变，只是影响相对成本或者分工的因素在不断拓展。

经济学家分别从结果角度和使用直接度量构建了显性比较优势和潜在比较优势两种度量比较优势的方法。在现实中，直接度量出相对成本往往存在较大困难，Balassa（1965）构建了从结果角度度量比较优势的指标，又称显性比较优势（Revealed Comparative Advantage，RCA）。这个指标是从产业或产品发展的最终结果来判断，是否有更多的生产集聚在该国家或地区，如果该产业或产品超过一半的生产集聚在该国家或地区，那么，该国家或地区就具有更适合发展该产业或生产该产品的资源禀赋、技术条件、制度条件等要素，发展该产业或生产该产品的相对成本最低，因而具有发展该产业或生产该产品的比较优势。长期以来这个指标被广泛用于度量比较优势，在国际经济学和区域经济学中这个指标经常被用于研究比较优势变化的影响因素，我国学者也使用这个指标来研究地区比较优势（程选，2001；国家计委投资研究所和中国人民大学区域所课题组，2001）。这个指标目前应该是在文献中被广泛使用，并且也是唯一度量显性比较优势的指标。如果在市场经济体制下，显性比较优势或许可以真实地反映出比较优势，但是，在政府干预较强的经济体中，我们从结果上看到的产业或产品集聚很可能是由政策扭曲造成的，显性比较优势反映的并不是真实的比较优势。显性比较优势对比较优势的失真反映还存在于产业发展或产品生产的初期，产业的发展或产品的生产还不具规模，比较优势不能通过显性比较优势反映出来。显性比较优势除了在有些条件下不能真实地反映比较优势之外，这个指标还存在的另外一个不足就是只能在事后通过产业或产品发展的最终结果来判断比较优势，对于一个决策者需要在事前知道该地区是否具有发展该产业或生产该产品的比较优势，就不能使用显性比较优势指标来判断。鉴于在很多情况下，显性比较优势不能真实地反映出比较优势，以及在事前不能判断出某个产业或产品是否在该国家或地区具有发展潜力，经济学家也在尝试构建直接度量相对成本的指标，也就是潜在比较优势指标（Latent Comparative Advantage）。目前，常用的度量潜在比较优势的指标有技术选择指数（林毅夫，2002；北京大学中国经济研究中心发展战略组，2002），国内资源成本（Pearson，1973），禀赋比较优势、技术比较优势和生产率比较优势（李力行和申广军，2015；申广军，2016），density 指标（Hidalgo et al.，2007；Zhu et al.，2017；Chen et al.，2017）。潜在比较优势是对相对成本的直接度量，直接度量出该产业或产品在该国家或地区是否具有发展潜力，研究或争论中通常讲到"政策是否遵循比较优势"，这个比较优势就是指潜在比较优势，就是指政策扶持的产业或产品在该国家或地区的相对成本最低，即具有发展潜力，本书中的"政策是否遵循比较优势"这个比较优势也是指潜在比较优势。

　　潜在比较优势指标和显性比较优势指标不同的计算方法决定了两个指标具有不同的经济学含义，究竟使用潜在比较优势还是显性比较优势取决于研究问题。显性比较优势从结果角度度量产业或产品在该国家或地区发展或生产的优势，其实也是产业或产品竞争力的一种度量，这个指标往往用于研究政策效果，作为对产业政策成功或失败的一种度量。而直接度量相对成本的潜在比较优势往往用于研究政策是否遵循比较优势以及度量政策成功实施的条件。本书在研究地方产业政策是否遵循辖区的比较优势以及从比较优势角度研究地方产业政策成功实施的条件时，使用的比较优势是潜在比较优势；本书在研究地方产业政策成功实施的条件时，使用显性比较优势指标对产业政策结果进行度量，度量地方产业政策的成功或失败。本书对显性比较优势的度量使用 Balassa（1965）构建的显性比较优势指标（RCA），对潜在比较优势的度量借鉴 Chen 等（2017）使用 Hidalgo 等（2007）构建的 density 指标，这个指标的构建逻辑以及相比于其他度量潜在比较优势指标的优点，本书将在第二章的"潜在比较优势的度量：density 指标"这一节做具体说明，这些指标的具体计算过程将在第三章的"实证指标"这一节进行详细介绍。

第三节　本书的研究内容、方法和数据

本书共设计六章对中国产业政策的特征规律和中国地方产业政策成功实施的条件进行研究，本节将介绍各章之间的逻辑和各章的具体研究内容，以及研究中使用的方法和数据。

一、研究内容

第一章是本书的导论，介绍了本书的研究背景，在此基础上提出了研究问题，并从总体上介绍了研究内容、研究方法和研究数据以及研究创新与贡献。第二章是本书的文献综述，这一章对与本书的研究问题密切相关的研究文献进行了比较全面、系统的梳理，从而在说明本书的研究贡献的同时也为后续的理论分析做准备。第三章具体介绍了本书在实证研究中使用的数据以及核心解释变量和被解释变量的具体计算过程。第四章、第五章对具体问题展开研究，其中第四章对中国产业政策的特征规律进行理论和实证研究，第五章对中国地方产业政策成功实施的条件进行理论和实证研究。第六章是本书的最后一章，总结了本书的研究发现，在此基础上提出相应的政策建议，并指出本书存在的不足和未来的研究方向。接下来具体介绍各章的研究内容。

第一章是导论，首先，介绍本书的研究背景，提出本书的研究问题，并说明本书的研究意义和研究目的；其次，解释本书的两个核心概念——产业政策和比较优势；然后，从总体上介绍了本书的研究内容、研究方法和数据；最后，介绍了本书的创新与贡献。

第二章是文献综述，该章通过对与本书的研究问题密切相关的文献进行综述来说明本书的研究贡献并为后续的理论分析做准备。首先，对产业政策和中国产业政策的研究文献进行综述来说明本书对于产业政策和中国产业政策研究的贡献。其次，通过对经济上充分发挥地方积极性、政治上坚持党中央集中统一领导下的地方政府行为及其经济影响的研究文献和中国产业政策的历史演变特征以及分工的研究文献进行综述，为第四章从理论上分析中国产业政策的特征规律做准备，也说明本书对中国地方政府行为和区域战略研究的贡献。最后，通过对比较优势与产业政策的实施效果、产品空间和比较优势的演变路径的研究文献进行综述，为第五章从理论上分析中国地方产业政策成功实施的条件做准备，并详细介绍本书用于度量潜在比较优势的 *density* 指标的构建逻辑和优点，以及本书对这三支文献研究的贡献。

第三章详细介绍了实证研究中数据的来源、收集和整理过程以及核心解释变量和被解释变量的具体计算过程。首先，详细介绍了两个核心数据库的构建和清理过程，一个是笔者手动整理的中国产业政策数据库的构建过程，另一个是依据本书的研究需要对中国工业企业数据库所做的清理工作，这两个数据库是本书核心解释变量和被解释变量的主要数据来源。其次，详细介绍了实证研究中其他指标的数据来源。最后，详细介绍了核心解释变量——产业政策、核心被解释变量——比较优势的具体计算过程。

第四章对中国产业政策的特征规律进行研究。先是进行理论研究，在对经济上充分发挥地方积极性、政治上坚持党中央集中统一领导的制度背景、中国产业政策的历史演变特征进行综述的基础上说明将中国产业政策区分为中央产业政策和地方产业政策的理论基础以及对中央产业政策的类型和特征规律进行系统研究的必要性，并进一步在对中国地方政府行为的研究文献和分工的研究文献进行综述的基础上说明中央产业政策与地方产业政策关系的理论基础、地方产业政策遵循或违背比较优势的动机的理论基础。接下来是对这些问题的实证研究。首先使用文本分析方法，在对 1989~2017 年中央出台的产业政策文件进行分类梳理的基础上研究中央产业政策的类型和特征规律。然后使用中央和省（自治区、直辖市）国民经济和社会发展五年规划（计划）界定出中央和地方的重点产业，并使用 Hidalgo 等（2007）构建的 *density* 指标度量潜在比较优势，对中央产业政策和地方产业政策的关系、地方产业政策是否遵循辖区的比较优势进行研究，最后以开发区为例研究地方政府不顾及辖区比较优势跟随中央重点产业政策的动机。研究发现中央重点产业通常是在东部少数地区具备比较优势或者是在东部地区能够培育起比较优势，而这些产业在中西部地区则始终不具备比较优势。但是，在"九五"至"十二五"期间，地方的重点产业中来自中央的重点产业所占比重越来越高，这种现象尤其明显地出现在中西部地区，这就导致中西部的地方重点产业越来越偏离辖区的潜在比较优势，平均来看，东部地区发展的属于中央的重点产业动态培育起了潜在比较优势和显性比较优势，而中西部地区发展的属于中央的重点产业则始终不具有潜在比较优势，在中部也始终不具备显性比较优势，在西部的显性比较优势逐渐消失。但是，中西部地方政府发展的不属于中央的重点产业始终符合辖区的潜在比较优势，这说明地方政府对辖区的潜在比较优势是具备信息优势的，地方政府不顾及辖区比较优势来跟随中央重点产业并不是地方政府的不理性行为和能力有限所致，通过对开发区的研究发现地方政府是为了获得来自中央的资源支持。

第五章从比较优势角度研究了中国地方产业政策成功实施的条件。首先是理论研究。①在对比较优势与产业政策的实施效果和比较优势的演变路径的研究文献进行综述的基础上，从理论上说明为什么地方政府遵循辖区潜在比较优势的产业政策有利于培育起产业竞争力；②在对产业政策成功实施的条件的研究文献进行综述的基础上，从理论上说明为什么遵循潜在比较优势的产业政策要发挥作用还需要良好的制度环境；③从理论上说明为什么地方政府违背辖区潜在比较优势的产业政策会导致僵尸企业的产生。接下来是实证研究。该章采用补贴和政策文本两种度量产业政策的方法，使用双重差分方法和双向固定效应模型研究政策的短期效果和长期效果，一致发现地方政府遵循辖区潜在比较优势的产业政策能够促进产业发展并培育起产业的显性比较优势。但是，这种政策效果存在区域差异，在东部有，在中西部没有，也就是说，在中西部即便地方政府扶持的是有潜在比较优势的产业也没有起到相应的政策效果。通过构建不同的度量制度的指标并使用分组回归和三重差分方法，一致发现这是由于制度环境的差异，在东部地区有更好的制度环境能够保障产业政策得到有效实施，使遵循潜在比较优势的产业政策发挥相应的作用，因此，政策效果区域差异的背后是制度环境的差异。另外通过从僵尸企业角度对地方政府违背辖区比较优势的产业政策的效果研究，发现不论是在企业层面还是在行业层面，地方政府违背辖区比较优势的产业政策都会导致僵尸企业的产生。

第六章总结了本书的研究发现，提出了相应的政策建议，指出了本书的研究不足和未来的研究方向。首先，对中国产业政策的特征规律和中国地方产业政策成功实施条件的研究发现进行总结。本书发现中央的重点产业通常符合东部地区的比较优势，但是，中西部地区为了获得来自中央的资源支持往往不顾及辖区的比较优势跟随中央的重点产业。实际上，往往是地方政府遵循辖区潜在比较优势的产业政策能够培育起产业的显性比较优势，而这种政策效果的产生还需要良好的制度环境；相反，违背比较优势的产业政策则导致僵尸企业的产生。其次，在这些研究发现的基础上针对中央和地方如何更有效地实施产业政策和区域战略提出相应的政策建议。对于中央政府而言，重点产业政策的实施要有区域针对性，或者要注重设计合理的机制。对于地方政府而言，重点产业政策的实施既要遵循辖区的潜在比较优势，也要注重加强制度环境的建设，尤其是对于相对落后的地区。最后，指出本书中有待研究或是深入研究的问题，并将这些不足作为未来的研究方向。由于在寻找经验证据上存在困难，关于中央对于地方政府不顾及辖区比较优势来跟随中央重点产业是否知道，本书没有做进一步深入研究。对于地方政府不顾及辖区比较优势来跟随中央重点产业还有哪些动机？获取中央的资源支持只是本书目前能够提供的一个解释。由于数据的限制，本书只研究了2008年金融危机以前地方政府违背辖区比较优势的产业政策效果与僵尸企业的产生，而没有研究2008年金融危机以后的效果。这些是本书研究中存在的不足，也是未来开展研究的方向，如果可能，未来也可以在产业政策成因方面开展一些研究。

二、研究方法

本书使用 Hidalgo 等（2007）构建的 *density* 指标度量潜在比较优势，使用文本分析、双重差分、三重差分、双向固定效应模型和分组回归的研究方法。

潜在比较优势的不易度量以及现有度量潜在比较优势指标存在的种种不足一直是制约从比较优势角度研究产业政策的一个重要因素。本书借鉴 Chen 等（2017）使用 Hidalgo 等（2007）构建的 *density* 指标度量潜在比较优势，实证研究中国产业政策的特征规律和中国地方产业政策成功实施的条件。这个指标应该是目前对于潜在比较优势的一个更好的度量，它能够更全面、客观地度量潜在比较优势的各个来源。

本书在研究中央产业政策的类型和特征规律时使用了文本分析方法，在对 1989~2017 年中央出台的产业政策文件进行分类梳理的基础上研究了中央产业政策的类型和特征规律。本书在实证检验是否是地方政府遵循辖区潜在比较优势的产业政策培育起产业的显性比较优势以及是否是违背比较优势的产业政策导致僵尸企业产生时，使用了双重差分方法和双向固定效应模型。本书进一步研究政策效果在区域间产生差异的制度成因时，使用了三重差分和分组回归的方法。

三、研究数据

本书通过手动整理、官方统计调查以及参考专家学者、高校、科研院所的收集整理，从而获取了大量丰富的数据用于实证研究。核心解释变量——产业政策数据主要来自笔者手动整理，核心被解释变量——比较优势数据主要使用中国工业企业数据库计算获得。本书在实证研究中使用到的开发区数据、官员数据和制度数据，来源于现有统计资料以及专家学者、高校、科研院所的收集整理。其中本书收集整理的产业政策数据应该是目前关于中国产业政策最全的数据，这也是本书的一个重要贡献，因为产业政策数据的不易获得一直是制约对产业政策进行经验研究的一个重要因素（Krugman，1983）。

中央产业政策的数据来自本书对 1989 年我国第一部产业政策出台以来至 2017 年间中央出台的所有产业政策文件的收集整理。“九五”至“十二五”时期中央和地方的重点产业数据来自本书对“九五”至“十二五”时期中央和各省（自治区、直辖市）国民经济和社会发展五年规划（计划）中"产业结构调整"相关内容中的重点产业的提取和界定。重点产业政策出台以后，政府往往会给予相应的资源扶持，除了政策文本，资源扶持力度也是产业政策的一种度量，本书还使用中国工业企业数据库中的补贴数据作为产业扶持力度的度量，来变换产业政策的度量，从而检验研究结论的稳健性。

比较优势指标的计算数据主要来自 1999~2013 年中国国家统计局统计调查的中国大陆地区全部国有及规模以上非国有工业企业数据库（以下简称中国工业企业数据库）。计算比较优势指标所需要的地区_行业（国民经济行业分类三位码）维度的产出数据，本书使用 1999~2013 年中国工业企业数据库，将企业的产出数据加总获得。因为在现有统计资料中只能获得地区_行业（国民经济行业分类二位码）的产出数据，而不能获得更细的行业维度上的产出数据。但是，中国工业企业数据中样本所具有的代表性和统计指标的丰富性使其可以比较灵活地通过加总微观数据获得很多维度上的宏观数据。

本书使用的其他指标还有其他各种来源。计算潜在比较优势指标所需要的产品间的相似度数据来自 Poncet 和 De Waldemar（2015）；研究地方政府偏离辖区比较优势的动机时，用于度量中央资源扶持的开发区数据来源于《中国开发区审核公告目录》（2018 年版）；官员数据来自中山大学岭南学院的地方官员数据库。本书从制度角度研究产业政策效果的区域差异时，对制度使用了不同的度量，市场化指数来自樊纲等（2010），政府效率来自唐天伟（2009），外资占比来自历年《中国城市统计年鉴》，非国有经济占比使用中国工业企业数据库计算，非政党机关社会团体从业人员占城镇从业人员的比重来自历年《中国劳动统计年鉴》。僵尸企业数据使用中国工业企业数据库计算。

产业政策数据和中国工业企业数据是本书的两个重要数据，产业政策数据的具体收集、整理和界定过程，依据本书的研究需要对中国工业企业数据库所做的整理工作以及其他指标所对应的数据来源，将在第三章进行详细介绍，同时，这一章也将详细介绍核心解释变量——产业政策、核心被解释变量——比较优势的具体计算过程。

第四节　本书的研究创新

不同于已有研究中国产业政策的文献集中于评估特定政策效果，本书基于中国的五年规划（计划）和比较优势视角，将中国产业政策区分为中央产业政策和地方产业政策，对中国产业政策的特征规律和政策效果产生的条件进行了更为深入的研究。对这些问题的研究不仅对于中国产业政策研究，而且对于产业政策研究和地方政府行为以及区域战略等研究都具有重要贡献。同时对于我们更深入地认识和更科学地研究中国产业政策以及更有效地实施中国产业政策也具有重要的现实意义。本节将详细介绍本书的研究创新。

本书将中国产业政策区分为中央产业政策和地方产业政策，对中国产业政策的特征规律和地方产业政策成功实施的条件进行了更为深入的研究。已有对中国产业政策的特征规律进行研究的文献只在两个五年规划（计划）这样一个很短的时间范围内发现地方产业政策与中央产业政策越来越接近，但是在更长的时间范围内这个规律是否依然存在？而且中央产业政策有哪些类型、存在怎样的特征规律？在中国这样一个地区间发展差异非常大，并且地方政府具有较强干预能力和动机的国家里，地方产业政策是否遵循辖区的比较优势？如果违背，那动机又是什么？对于这些问题现有文献尚未基于微观数据做出完整回答，本书则首先对中国产业政策存在的这些特征规律进行了深入研究。已有对中国产业政策的研究集中于评估特定政策效果，这些文献多数没有将中国产业政策区分为中央产业政策和地方产业政策，而且很少有文献进一步研究政策效果产生的条件和区域差异产生的原因。为数不多的几篇文献从政策工具设计是否促进竞争和产生分离均衡、扶持力度和进入退出的时间是否处在合理区间这些角度研究了中国产业政策成功实施的条件，但是这些文献没有将中国产业政策区分为中央产业政策和地方产业政策，也没有进一步研究政策效果产生的条件在区域间是否存在差异。中国产业政策的实施主体是地方政府，地方政府是中国产业政策的主要实施者，因此，中国产业政策的实施效果和成功实施的条件主要指中国地方产业政策的实施效果和成功实施的条件。对于一个地区间发展差异非常大的大国，政策效果的区域间异质性也是一个重要的研究问题。不同于已有评估中国产业政策效果的研究文献，本书将中国产业政策区分为中央产业政策和地方产业政策，进一步研究了中国地方产业政策成功实施的条件以及这个规律在地区间是否存在差异和区域差异产生的原因，对中国产业政策的实施效果进行了更为深入的研究。

本书基于微观数据对中国产业政策存在的特征规律做出了完整回答，也从产业政策角度对央地关系下的地方政府行为进行了比较全面的研究，同时对政府制定产业政策的行为动机的研究也具有借鉴意义。现有研究多从财政收支、公共品供给、税收、土地等角度研究央地关系下的地方政府行为。产业政策也是地方政府使用的一个重要政策工具，现有文献很少从产业政策角度研究央地关系对地方政府行为的激励和扭曲。少数几篇文献几乎都是理论研究，没有提供相应的经验证据，而且，这些文献对现有央地关系下的地方政府制定产业政策的行为动机分析得也不够全面。本书基于微观数据对中央产业政策和地方产业政策的关系、地方产业政策是否遵循辖区比较优势和违背辖区比较优势的动机，以及现有央地关系下地方政府制定产业政策的行为进行了比较全面的研究。政府制定产业政策的行为动机也是产业政策领域的重要研究问题，但是已有对产业政策的研究文献多数是评估政策效果，对这个问题的理论研究和经验研究都比较欠缺，本书对中国地方产业政策是否遵循辖区比较优势以及违背的动机是什么的研究为政府制定产业政策的行为动机的研究提供了借鉴，同时也丰富了这支文献。

本书从比较优势角度研究中国地方产业政策成功实施的条件，不仅为中国地方产业政策的成功实施提供了一个解释，也为比较优势与产业政策效果提供了来自一国内部的经验证据，同时也为区域战略研究提供了相应的经验证据，而且发展了比较优势的演变路径这支文献，为僵尸企业的成因提供了更深层的解释。比较优势与产业政策效果一直都是一个重要的研究问题，但是，对于这个问题更多的是理论研究，为数不多的一些经验研究对于遵循或违背比较优势的产业政策能否培育起产业竞争力并没有直接的经验证据。我国作为一个人口和地域大国，面临着区域经济发展不平衡的问题，落后地区能否通过实施违背比较优势的产业政策（发展战略）来实现向发达地区收敛一直是区域战略的重要研究问题，但是，这方面同样只有理论研究，没有直接的经验证据。本书从比较优势角度对地方产业政策成功实施的条件的研究既为比较优势与产业政策效果提供了来自一国内部的经验证据，也为区域战略研究提供了相应的经验证据。比较优势的演变路径这支文献已有大量证据表明比较优势的演变存在路径依赖，变得有显性比较优势的行业都是具有潜在比较优势的行业，那么，政府的干预能否打破路径依赖也是这支文献关心的问题，但是，目前在这个问题上的经验证据则很少，本书从比较优势角度对地方产业政策成功实施条件的研究则为这个问题提供了经验证据，发展了比较优势的演变路径这支文献。本书从僵尸企业角度研究地方政府违背辖区比较优势的产业政策效果为我们认识僵尸企业的成因提供了更深层的解释。现有文献几乎都是从政府和银行向低效率企业提供补贴和贷款，以及违背比较优势的行业更容易产生僵尸企业这些角度解释僵尸企业的成因，但是，为什么政府和银行会向低效率的企业提供补贴和贷款？为什么违背比较优势的行业会存在？这些文献几乎都没有进一步解释这些问题，产业政策可能是其中的一个影响因素。本书研究是否是地方政府违背辖区比较优势的产业政策导致了僵尸企业的产生，有利于我们更深入地认识产生僵尸企业的成因。

本书从制度角度研究产业政策实施效果的区域差异，既为我们认识中国产业政策实施效果的区域差异提供了新的视角，也为产业政策成功实施的条件的研究提供了经验证据，而且为理解制度与比较优势的关系提供新发现。虽然一些研究文献已经发现中国产业政策的实施效果存在区域差异，但是，据本书所知，目前只有 Chen 等（2019）从市场潜力角度解释了区域差异产生的原因。而本书从制度角度解释区域差异产生的原因，对中国产业政策实施效果的区域差异的研究文献具有重要贡献。产业政策的成功实施需要良好的制度环境，这方面几乎还没有直接的经验证据，而本书从制度角度解释中国地方产业政策实施效果的区域差异则为这方面的研究提供了直接的经验证据。不同于国际上的最新研究发现——制度是比较优势的来源，本书则发现制度是比较优势发挥作用的前提条件。

本书对中国产业政策的特征规律和中国地方产业政策成功实施条件的研究为中央政府和地方政府更有效地实施中国产业政策提供了指引。本书发现地方政府遵循辖区潜在比较优势的产业政策能够促进本地产业发展并培育起产业的显性比较优势，而且潜在比较优势的发挥还需要良好的制度环境，这为地方政府如何更有效地实施产业政策提供了指引；对中国产业政策的特征规律的研究发现与中央有关的产业政策往往容易扭曲地方政府行为，导致地方政府做出违背比较优势的产业选择，这为中央如何更有效实施产业政策提供了指引。

本书对中国产业政策的特征规律的研究还有助于我们更深入地认识和更科学地研究中国产业政策。对中国产业政策的研究需要首先区分中央产业政策和地方产业政策，由于现有文献缺乏对中央产业政策和地方产业政策的特征规律及其关系的研究，使人们对中央产业政策和地方产业政策的关系缺乏深入认识，导致现有研究中存在一些不科学的做法。现有不少评估中国产业政策效果的研究文献都忽视了中央产业政策与地方产业政策的差异，在研究中不太注重对产业政策进行中央与地方的区分，有的甚至用中央产业政策代替地方产业政策。因此，本书对中国产业政策的特征规律的研究有助于我们更深入地认识中央产业政策和地方产业政策的关系，从而有助于我们更科学地研究中国产业政策。

第二章　文献综述

　　本书的研究问题不仅是中国产业政策的重要研究问题，也是产业政策、中国地方政府行为、区域战略和比较优势的演变路径这些领域的重要研究问题。其中的一些文献和中国产业政策的历史演变特征以及分工的研究文献也是本书分析研究问题的理论基础。本章将对这些文献进行综述来说明本书的研究贡献，也为后续的理论分析做准备。首先对产业政策和中国产业政策的研究文献进行综述，说明产业政策的研究文献和中国产业政策的研究文献已经研究了哪些问题，还有哪些问题有待研究，进而说明本书对于产业政策和中国产业政策的研究贡献。本书对中国产业政策的特征规律和中国地方产业政策成功实施条件的研究也是经济上充分发挥地方积极性、政治上坚持党中央集中统一领导下的地方政府行为和区域战略的重要研究问题。经济上充分发挥地方积极性、政治上坚持党中央集中统一领导的激励机制是分析中央和地方关系（以下简称央地关系）、地方政府行为及其经济影响的基本框架，也是本书分析中央产业政策与地方产业政策关系和地方政府制定产业政策的行为动机的基本理论框架，它和中国产业政策的历史演进特征以及分工的益处和微观基础共同构成了本书分析中国产业政策的特征规律的理论基础。区域战略的研究文献也是本书分析地方产业政策成功实施的条件的理论基础。其次，本书通过对这三支文献进行综述，来说明本书的研究对地方政府行为和区域战略的研究贡献，也为第四章从理论上分析中国产业政策的特征规律以及第五章从理论上分析地方产业政策成功实施的条件做准备。从比较优势角度研究产业政策成功实施的条件不仅是区域战略的重要研究问题，也是比较优势与产业政策效果、产品空间和比较优势的演变路径的重要研究问题，这些文献也是从比较优势角度分析地方产业政策成功实施的条件的理论基础，本书对潜在比较优势的度量借鉴了产品空间文献构建的 *density* 指标。最后，通过对这些文献的综述来说明本书对地方产业政策成功实施的条件的研究贡献，也对本书度量潜在比较优势的 *density* 指标的构建逻辑和优点进行详细介绍，并为第五章从理论上分析地方产业政策成功实施的条件做准备。

第一节　产业政策的研究：我们知道些什么

已有对产业政策的研究多数是研究为什么要使用产业政策并对其相应的政策效果进行评估，这些关于产业政策效果的研究并没有得出一致结论，而是发现政策效果在不同国家、地区和行业间存在差异。那么，这些差异产生的原因是什么？即产业政策成功或失败的条件是什么？以及这背后政府制定产业政策的行为动机又是什么？现有文献对这些问题进行了哪些研究，还有哪些问题有待研究？本书的研究又有哪些贡献？本节将从为什么要实施产业政策及其实施效果、产业政策成功实施的条件、政府制定产业政策的行为动机这三个角度综述产业政策的研究文献，从而说明本书的研究贡献。

一、产业政策的使用依据和实施效果

产业政策在工业化过程中被普遍用于保护幼稚工业、弥补不完善的制度、支持关联产业发展、促进创新和经济集聚。现有研究多数从这几个角度评估政策效果，然而，现有研究关于产业政策的效果并没有得出一致结论，而是发现政策效果在不同国家、地区、行业间等存在巨大差异。此部分将从这几个角度对为什么要使用产业政策及其相应的政策效果的研究文献进行综述。

产业政策最早的用途，也是最广泛的用途之一就是保护幼稚工业，很多国家在工业化早期都会通过关税、补贴、国产化率等手段对于处在起步阶段的幼稚工业进行保护，然而产生政策效果却在不同国家、不同行业和不同政策工具间存在差异。List（1904）提出由于新产业存在干中学，产业在起步阶段为了避免在激烈的国际竞争中被淘汰，需要政府通过关税等措施进行暂时性保护，等待产业具备国际竞争力后再进行贸易自由化。Krueger 和 Tuncer（1982）对土耳其的研究发现关税并没有起到应有的保护作用，不论是在企业层面还是在行业层面，受保护行业相比于未受保护行业的生产率反而更低。Harrison（1994）认为这是因为 Krueger 和 Tuncer（1982）没有进行相关性分析，而只是对生产率数据的直接比较。Harrison（1994）使用 Krueger 和 Tuncer（1982）的数据进行相关性分析后得出相反结论，发现关税是有积极的保护作用的，不论是在行业层面还是企业层面，受保护行业的生产率都显著高于未受保护的行业。Hanse 等（2003）对丹麦风力发电行业的研究也发现政府补贴产生了极强的干中学效应，极大地促进了风力发电行业的技术进步，培育起了该行业的国际竞争力。付明卫等（2015）对中国风电制造业的研究发现，政府对风电行业国产化率的保护促进了风电行业的自主创新。然而，Luzio 和 Greenstein（1995）对巴西计算机行业的研究发现，政府对电子产品的保护并没有培育起该行业的国际竞争力，该国的技术仍然滞后国际前沿技术至少三年。Cai 等（2011）对中国城市层面的研究却发现受关税保护的行业并没有很好的经济表现，关税保护反而降低了行业以及行业中企业的全要素生产率，虽然税收减免提高了出口密集型行业的全要素生产率，但是这只是短期效果，长期来看这种效果并不存在。Nunn 和 Trefler（2010）则发现关税能否促进长期经济增长，取决于关税保护的结构，当关税保护技术密集型行业时能够促进长期经济增长。

在工业化早期，很多国家除了面临产业缺乏国际竞争力时需要对幼稚产业进行保护外，还面临市场机制和制度不完善制约产业发展的问题，然而，通过产业政策弥补市场机制和制度不完善，克服产业发展过程中的瓶颈是很多国家的做法，但是产业政策效果却在不同政策工具间存在差异。中国是一个广泛实施产业政策的国家，改革开放之初，市场机制和市场经济制度不完善较大程度上制约着产业发展，政府通过开发区、直接补贴等一系列产业政策来缓解产业发展过程中的瓶颈，然而，作为制度试验田的开发区在促进投资、出口等方面发挥了积极作用，而直接补贴等手段并没有发挥相应的作用，反而降低了效率。为了克服企业发展过程中的融资约束等瓶颈，使企业能够获得更便利的投融资支持、更快速的行政审批、更便利的通关以及税收和土地等方面的优惠，中国开始成立开发区，给予企业更有利的发展环境。中国早期的开发区起到了制度试验田的作用，为企业的发展提供了良好的环境，促进了企业出口、提高了企业的全要素生产率、吸引了外商投资、提高了投资效率、促进了资本积累、加快了城市的经济增长（Wei，1993；Zeng，2011；Wang，2013；黄玖立等，2013；陈钊和熊瑞祥，2015；Alder et al.，2016）。而旨在缓解企业融资约束的产业政策和直接补贴并没有起到应有的作用。一方面，这些产业政策并没有使企业获得稳定的金融市场支持（韩乾和洪永淼，2014）；另一方面，这些产业政策刺激了企业盲目扩大投资的冲动，降低了投资效率（黎文靖和李耀淘，2014；王克敏等，2017；张莉等，2019）。旨在促进企业出口的补贴，只是提高了企业的出口数量，但是却降低了企业的出口价格，走的是一种以数量取胜的低价出口模式（苏振东等，2012；施炳展等，2013）。

除了制度的不完善外，在工业化早期制约产业发展的另一个重要瓶颈是产业间的关联效应，合理的干预往往能够促进上下游行业发展，而不合理的干预则会制约上下游行业发展，这个政策效果也在不同行业和不同政策工具之间存在差异。产业间是一个存在上下游关联的整体，一个产业的建立会扩大其中间投入品市场，通过后向关联效应促进上游投入品行业发展，同时也提供了下游行业所需的中间投入品，通过前向关联效应促进下游最终产品行业发展（Hirschman，1958）。相反，中间投入品的缺乏会使下游行业没有动力进入，当下游行业发展不足、上游行业面临有限需求时也会缺乏进入的动力，在循环累积影响下就会产生协调失败（Rodrik，1996）。单个企业通常无力同时进行几个行业的大规模投资（Rosenstein-Rodan，1943），这就需要政府进行干预，而政府对上游行业的投资补贴等扶持往往在鼓励上游行业发展的同时，也能够促进下游行业发展，使经济走出低水平均衡（Rodrik，1995）。然而，实践中合理的干预能够促进上下游行业发展，而不合理的干预则会阻碍上下游行业发展。Liu（2019）对中国的研究发现，市场不完善对下游行业需求的下降会通过后向关联效应对上游行业产生更严重的需求不足，累积循环又会制约下游行业发展，政府对上游行业的补贴能改善这种扭曲促进下游行业发展，对经济产生积极影响。Amiti 和 Konings（2007）对印度尼西亚的研究也发现贸易自由化通过降低中间投入品的关税和价格，提高了中间投入品的质量和多样性，从而提高了下游行业的竞争力。同时，政府对下游行业的改善也能通过后向关联效应提高上游行业的效率。Javorcik（2004）对立陶宛的研究、许和连等（2007）对中国的研究、Blalock 和 Gertler（2008）对印度尼西亚的研究都发现由于中间投入品对下游行业很重要，外资的进入有动力对其上游行业产生技术溢出，从而通过后向关联效应提高上游行业的全要素生产率。Lin 等（2009）、Du 等（2012，2014）对中国的研究也发现贸易自由化、外资的进入通过前向和后向关联效应对上下游企业产生了溢出效应，尤其是通过后向关联效应对上游企业产生的溢出效应更大。反之，不合理的干预则会扭曲上下游行业发展。Blonigen（2016）对 1975～2000 年 22 个钢铁生产国的研究发现，对上游产业的保护导致下游产业中间投入品价格上升和质量下降，从而降低下游产品的出口竞争力。Krupp 和 Skeath（2002）对1977～1992 年美国反倾销税的研究发现，对上游行业征收的反倾销税显著降低了下游行业产出。Liebman 和 Tomlin（2007）对 2001～2003 年美国对钢铁行业的保护研究发现对钢铁行业的保护提高了下游行业成本，降低了下游行业收益率，显著降低了下游行业福利。

除了工业化过程中的市场机制和制度不完善以及产业间的关联性需要政府使用产业政策来扶持重点产业，创新活动的外溢性使包括发达国家在内的很多国家也都在使用产业政策来扶持高技术产业的发展，产业政策效果同样在不同国家间存在差异。创新和自我发现是经济持续增长和发展的源泉，但是这些探索活动具有很强的外部性，尝试者一旦失败，将无法收回前期投入的成本，而尝试者一旦成功，将会有很多模仿者进入，使这项活动的社会收益大于私人收益，如果政府不对这项活动实行补贴、专利保护等措施，使其社会收益等于私人收益，尝试者将没有动力进入（Hausmann and Rodrik，2003；Stiglitz and Greenwald，2014）。实践中促进创新的产业政策效果在不同国家间存在比较大的差异，有的国家的创新投入刺激了企业的研发投入，然而，有的国家的研发投入则挤出了企业的研发投入。Czarnitzki 等（2011）对比利时的研究发现政府的研发投入刺激了企业的研发支出。Aschhoff（2009）对德国直接研发项目资金的研究发现政府对企业持续较大规模的研发资助有利于刺激企业的研发投入。Busom（2000）对西班牙的研究也发现政府的 R&D 补贴总体上促进了企业的研发投入。Gorg 和 Strobl（2007）对爱尔兰的研究发现政府对国内企业一定数量的 R&D 补贴能够提高企业的研发支持。然而，Mamuneas 和 Nadiri（1996）对美国的研究则发现政府的研发资助挤出了企业的研发支出。Wallsten（2000）对美国的"小型企业创新研究计划"的研究发现，政府的资助反而减少了企业的研发支出。张杰等（2015）对中国的研究发现政府的创新补贴并没有对中小企业的研发支出产生显著影响。周亚虹等（2015）对中国新能源行业的研究也发现政府对新能源行业的补贴并未促进企业的研发支出。同样地，创新补贴的产出绩效也在不同国家之间存在差异。Bernstein（1989）对加拿大的研究发现研发支出在行业间产生了显著的溢出效应，而且研发投入的收益率也高于物质资本的收益率。Berube 和 Mohnen（2009）对加拿大的研究发现政府的创新补贴促进了企业的新产品创新并推动了创新的商业化。Aschhoff（2009）对德国的研究发现政府对企业持续且较大规模的研发资助促进了企业创新。Jaffe 和 Le（2015）对新西兰的研究发现政府的研发资助显著提高了企业申请专利和发明新产品的概率。Bronzini 和 Piselli（2014）对意大利的研究发现政府的研发补贴提高了企业的专利申请数量，促进了企业创新。Branstetter 和 Sakakibara（2002）对日本的研究也发现政府资助的研发联盟提高了企业的专利数量，产生了研发的溢出效应。然而，Cappelen 等（2012）对挪威的研究发现政府对于创新活动的税收优惠并没有促进企业的新产品创新和专利申请数量的上升。陆国庆等（2014）对中国战略性新兴产业的创新补贴绩效的研究发现，政府对战略性新兴产业的创新补贴绩效虽然提高了企业的产出绩效，但是企业的产出弹性非常小，对企业的影响非常有限。黎文靖和郑曼妮（2016）也发现中国的产业政策只提高了企业的发明数量，而没有提高企业的发明质量，是企业为获得补贴而进行的策略性行为。

产业政策除了用于扶持特定产业发展形成产业竞争力以外，往往还用于通过马歇尔外部性促进经济集聚，这种产业政策更多地被用于特定地区，尤其是一些落后地区，所以也称地区指向型政策（Place-Based Policy），不论是发展中国家还是发达国家都使用过地区指向型政策，而这种政策效果也存在因时因地的差异。Freedman（2017）对大萧条时期密西西比州的平衡农业和工业项目研究发现，政府的补贴吸引了大型制造业的建立，这些制造业不仅提高了女性的劳动参与率，而且，从长期来看提高了该地区的女性受教育程度。Kline和Moretti（2014）对田纳西河流域管理局的研究发现政府的直接投资提高了制造业的生产率，促进了经济集聚，并通过集聚效应对该地区的长期经济增长产生了积极影响。但是，Criscuolo等（2019）对欧盟的研究则发现，虽然欧盟对于欧洲落后地区的投资补贴刺激了投资、提高了就业，但是并没有提高企业的全要素生产率。Harris和Robinson（2004）对1990～1998年的英国两项产业政策的研究也发现产业扶持并没有显著提高企业的全要素生产率。中国是一个大量实施地区指向型政策的国家，改革开放以来几乎各地区都逐渐设立了开发区，然而，中国开发区的政策效果则存在因时因地的差异。Zheng等（2017）对中国经济发达的八个大城市的开发区的效果研究发现，开发区促进了经济集聚，提高了企业的全要素生产率，对生产和消费产生了溢出效应，促进了副中心城市的兴起。孙伟增等（2018）对2009年中国开发区升级的研究也发现，省级开发区升级为国家级开发区后显著提高了地区的生产力和城市居民的消费水平。然而，郑江淮等（2008）对2005年江苏省沿江开发的调研发现开发区吸引来的企业主要是为了获得开发区的"政策租"而没有形成真正意义上的经济集聚。王永进和张国峰（2016）发现开发区由集聚效应带来的生产率优势持续时间非常短，开发区的生产率优势主要来自优胜劣汰机制下选择出的高生产率企业。Wang（2013）、Alder

等（2016）则发现中国开发区促进经济集聚的效果存在因时的差异，中国开发区促进经济集聚的政策效果主要存在于早期成立的开发区，而后期成立的开发区的政策效果并没有前期成立的效果好。向宽虎和陆铭（2015）、Chen等（2019）发现中国开发区对企业的投资回报和全要素生产率的影响在不同地区间存在差异。向宽虎和陆铭（2015）发现，平均来看开发区提高了东部地区企业的投资回报，而对中西部地区企业的投资回报并没有显著影响。Chen等（2019）发现，平均来看开发区距离港口越近，其提高企业全要素生产率的程度越高；开发区距离港口越远，其提高企业全要素生产率的程度越低。

产业政策的实施效果为什么会在各种维度间存在巨大差异？产业政策在度量和识别等方面存在的困难，以及不科学的研究方法的使用都可能对研究结论的一致性产生影响（Krueger and Tuncer，1982；Krugman，1983；Harrison，1994）。但是，这种差异背后更主要的原因是产业政策的实施效果有其产生的条件，成功或失败的产业政策都有其实现的条件，这就需要我们进一步研究产业政策成功或失败的条件以及这背后政府制定产业政策的行为动机是什么。

二、产业政策成功实施的条件

目前，对于产业政策成功或失败的条件的研究比较少，为数不多的文献从扶持产业的选择、政策工具的使用、制度环境的建设和政府作用的发挥这几个角度研究了产业政策成功实施的条件，但是，相应的理论研究或经验研究都还比较缺乏，有些角度提出之后，相应的理论研究和经验研究几乎都没有。这其中对第一个角度——扶持遵循比较优势还是违背比较优势的产业政策能够促进产业政策成功实施，文献中研究相对较多，而且这也是本书的一个重要研究问题，这支文献在本章第五节综述，本节将从政策工具的使用、制度环境的建设和政府作用的发挥这三个角度综述现有研究。

产业政策效果在不同政策工具间存在差异，而一些其他维度的差异本质也是政策工具的差异，选择合适的政策工具以及合理地使用政策工具都影响着产业政策效果。产业政策的成功实施需要选择合适的政策工具，这一点更多地用在解释幼稚工业保护中产业政策实施效果的差异。Baldwin（1969）认为关税在保护幼稚产业中存在各种不足，使用关税保护可能达不到预期的政策效果。Crowley（2006）则认为关税保护是否有作用取决于关税的类型是保护型关税还是反倾销型关税，反倾销型关税往往能够加速企业采用新技术，但是，保护型关税不一定有这样的作用。Miyagiwa 和 Ohno（1995）认为保护的效果取决于是暂时性保护还是永久性保护，永久性关税保护更容易加速新技术采用，而且，关税的效果比配额好，永久性配额通常会延缓新技术的采用。Melitz（2005）认为相比于关税、补贴等政策工具，配额调整更具灵活性，可能是一个更好的政策工具。Ederington 和 McCalman（2011）内生化企业的进入与退出，在一个生命周期模型中研究幼稚产业保护的影响，发现保护在加速企业采用新技术的同时也降低了在位企业采用新技术的概率，保护导致企业大规模的退出引起经济的动荡。然而，这些研究都仅是理论研究，还没有相应的经验证据。对中国产业政策的几篇经验研究进一步发现产业政策的成功实施还需要对政策工具的合理使用进行机制设计，如政策工具的合理扶持力度和进入、退出的时间等。张杰和郑文平（2015）关于补贴对企业出口影响的研究、邵敏和包群（2012）关于补贴对企业全要素生产率影响的研究、毛其淋和许家云（2015）关于补贴对企业创新影响的研究都发现，补贴数额存在最优实施区间，当补贴数额处在最优实施区间时，随着补贴增加能显著促进企业出口、提高企业全要素生产率、促进企业创新，而过多或过少补贴都会扭曲企业行为无法产生相应的效果，包括政策工具的实施需要促进竞争，产业政策的有效实施需要引入竞争机制、促进和保护竞争，这一点在国际国内学者中早已达成共识，最近这个观点也得到经验研究的支持。Aghion 等（2015）、戴小勇和成力为（2019）使用中国工业企业数据库分别从企业和行业角度一致发现促进竞争的产业政策提高了企业和行业的全要素生产率。黄先海等（2015）关于补贴对创新影响的研究进一步发现促进竞争的产业政策的进入与退出还取决于行业的竞争程度，当行业的竞争程度非常低时，促进竞争的补贴能够激励企业创新，然而，当行业的竞争程度非常高时，促进竞争的补贴则会弱化企业的退出机制引起产能过剩。同时，政策工具的使用还需要通过机制设计来克服资源配置中的道德风险和逆向选择。安同良等（2009）在一个信息不对称的动态博弈模型中对 R&D 补贴的研究发现通过提高专用性人力资本价格可以形成分离均衡，从而能有效识别出具有原始创新能力的企业，避免没有创新能力的企业发送虚假信号。

政策工具的选择和使用可以解释产业政策实施效果的部分差异，但是，对于国家和地区层面的差异可能还存在一些更宏观的因素，这方面从制度角度探讨比较多。产业政策的有效实施还需要良好的制度环境（Becker et al.，2013），良好的制度环境一方面能够较好地规范政府行为，避免政府的越位和缺位；另一方面能够激发企业的创新积极性，从而有效保证扶持资源用于生产领域，避免寻租和腐败（Rodrik，1995，2004；吴敬琏，1999，2002；Stiglitz and Greenwald，2014）。虽然这方面几乎没有直接的经验证据，但是对中国产业政策研究的一些文献已经发现良好的制度环境有利于产业政策的成功实施，而不好的制度环境则会导致产业政策的失败。韩永辉等（2017）对中国地方产业政策效果的研究发现，地方产业政策推动产业结构升级的作用出现在市场化程度高和政府效率高的地方。张莉等（2019）也发现好的制度环境能够降低产业政策的扭曲。毛其淋和许家云（2015）关于政府创新补贴对企业创新影响的研究发现，在知识产权保护好的地方，政府的创新补贴能够激励企业创新，在知识产权保护差的地方，政府的创新补贴则无法激励企业创新。吴一平和李鲁（2017）对中国开发区政策效果的研究也发现在制度环境较差的地区，开发区政策显著抑制了企业创新。

最近一些文献从如何发挥政府作用的角度研究产业政策成功或失败的条件。产业政策的成功实施需要政府既不是仅做市场运行的"守夜人"也不是代替市场，而是需要政府与市场形成良性互动（Rodrik，2004）。目前这方面相应的理论研究和经验证据几乎都没有。周黎安（2018）运用"官场+市场"理论解释中国经济增长时，论述了地方政府与市场的良性互动是如何影响地方经济增长的，嵌入在官场竞争中的市场竞争，激励地方官员与企业家形成良性互动，从而形成了重要的反馈机制，使地方政府不断清楚辖区的比较优势是什么、市场在哪里失灵，从而更好地发挥政府作用来优化市场环境，形成了官员与企业家共同提高辖区经济发展的模式。

虽然为数不多的这些文献从政策工具的选择和使用、制度环境的建设和政府作用的发挥这些角度研究了产业政策成功实施的条件，但是，相应的理论研究和经验研究都还比较缺乏，一些角度提出后，相应的理论研究和经验研究几乎都没有。本书从制度角度对中国产业政策实施效果的区域差异的研究为产业政策成功或失败的条件的研究提供相应的经验证据。

三、政府制定产业政策的行为动机

此外，不论成功的还是失败的产业政策都是由政府制定的，为什么有的政府制定和实施了在实践中取得成功的产业政策，而有的政府则反之，这不是政府的能力等偶然因素作用的结果，背后一定有主导政府行为的动力机制，因此，进一步研究成功或失败的产业政策背后政府制定产业政策的行为动机也成为产业政策领域的重要研究问题（Robinson，2009）。目前这方面的研究更少，相应的理论研究和经验研究都非常欠缺。Robinson（2009）通过案例分析来说明成功或失败的产业政策是政治均衡的结果。在这方面有为数不多的几篇对中国政府制定和实施产业政策的行为动机进行研究的文献（沈立人和戴园晨，1990；江小涓，1993；银温泉和才婉茹，2001；周黎安，2004；陆铭等，2004；陆铭等，2007），但是，这些文献几乎都是理论研究，并没有提供相应的经验证据，而且，这些文献对中国政府制定和实施产业政策的行为动机的研究也不够全面，几乎都只分析了地方政府制定和实施产业政策的行为动机的一个方面。因此，本书对中央产业政策与地方产业政策关系、地方产业政策是否遵循辖区比较优势和违背动机的研究也为政府制定产业政策的行为动机的研究提供借鉴。

产业政策的实施效果在国家间、地区间和行业间等不同维度间存在的差异决定了进一步研究产业政策成功或失败的条件以及这背后政府制定产业政策的行为动机的重要性，但是，现有文献对这两个角度的研究都还比较欠缺，这两个角度还有很多问题有待全面深入研究。本书对中国产业政策的特征规律和地方产业政策成功实施条件的研究为政府制定产业政策的行为动机的研究提供借鉴，为产业政策成功实施的条件的研究提供相应的经验证据，对产业政策研究具有重要贡献。

第二节　中国产业政策的研究：
我们还需要知道些什么

作为发展中国家，中国既面临快速建立起完整的国民经济体系实现工业化的任务，也面临着追赶先进发达国家的目标，产业政策被广泛用于优化产业结构、吸引外资、鼓励创新和平衡区域经济发展等很多方面。然而，中国的大国特征和不同于其他国家的制度背景决定了中国产业政策的研究问题与其他国家的产业政策的研究问题会有所不同。现有文献对中国产业政策进行了哪些研究？还有哪些问题有待研究？本书的研究对中国产业政策的研究有哪些贡献？本节通过从不同角度对中国产业政策的研究文献进行综述来回答这些问题。

一、中国产业政策的实施效果

现有对中国产业政策的研究多数是从促进产业结构升级、投资、出口、创新和落后地区发展这些角度评估政策效果。这些研究发现中国产业政策在有些方面取得了成功，在有些方面则更多的是失败，同时，有些方面的效果则在时间、地区等不同维度间存在差异。本部分将对这些研究文献进行综述。

优化产业结构是我国实施产业政策的一个重要目标，这其中促进我国产业结构向附加值更高的制造业和服务业转型是实施产业政策的一个重要目标，产业政策在促进我国产业结构升级方面发挥了积极作用，然而，在抑制产能过剩中的作用则比较有限。张川川（2017）对1990~2007年中国经济特区的研究发现，经济特区的建立吸引了外资，促进了制造业的空间集聚，提高了制造业部门内部和部门间的劳动生产率，促进了制造业向更高端产品的转型，同时制造业的迅速发展也引致了对服务业的需求，促进了服务业的快速发展，产生的"制造业对服务业的就业乘数"促进了农村剩余劳动力的转移，推动了中国的产业结构由农业为主向工业以及向更高端的制造业和服务业为主的结构变迁。韩永辉等（2017）对 1997~2014 年中国 31 个省（自治区、直辖市）的产业政策研究发现中国地方产业政策显著降低了地方产业结构对最优均衡状态的偏离程度，促进了产业向高生产率行业的转换，促进了地方产业结构的合理化和高度化，促进了地方产业结构升级。李力行和申广军（2015）对 2004 年和 2008 年中国设立的开发区的政策效果的研究发现，中国开发区的设立显著促进了目标行业的快速发展，提高了目标行业的集中度，从而促进了城市的产业结构调整。然而，由于地方官员的晋升目标可能与中央的目标相冲突，产业政策在抑制产能过剩中的作用比较有限。杨其静和吴海军（2016）使用 2007~2012 年中国城市的工业用地出让数据发现政府向受管制的产能过剩行业出让工业用地的现象依然普遍存在，这种现象尤其存在于官员晋升激励强的城市中。

在实现工业化过程中，加速资本积累也是中国产业政策的一个重要目标，然而，产业政策在促进投资方面的效果却在不同政策工具间存在差异。作为中国早期制度试验田的开发区在吸引外商投资和加速资本积累方面取得了成功，既有量的增加也有效率的改善。Zeng（2011）对中国开发区的案例研究发现开发区吸引外商投资的数量和速度都在稳步上升，开发区吸引的外商投资额在中国的外商投资中占较大比重，而外商直接投资对于促进经济增长、增加就业和提高企业全要素生产率具有重要贡献。Wang（2013）对 1978~2008 年中国成立的开发区的实证检验也发现城市开发区的设立显著吸引了外商直接投资，而且，这是一种创造效应而不是转移效应，外资的进入不是由周边城市的外资转移过来的，并且外商的投资也没有挤出国内投资，这种效应在越早成立的开发区中越显著。Wei（1993）对 1988~1990 年中国设立的开发区的经济效果进行实证研究，发现外商直接投资在促进城市经济增长中的重要作用，由于东部沿海地区吸引到更多的外商直接投资，导致东部沿海地区的经济增长率高于全国平均水平。Alder 等（2016）对 1998~2010 年中国设立的开发区的研究在发现国家级开发区通过资本积累促进城市经济增长的同时，还发现这种投资是有效率的，国家级开发区显著提高了城市的全要素生产率。Lu 等（2019）使用 2004 年、2008 年的中国经济普查数据在企业层面对开发区政策效果的研究，发现不仅开发区通过吸引新企业的进入加速了资本积累，而且开发区也提高了企业的全要素生产率。然而，意在缓解融资约束促进企业投资的产业政策却造成了投资的低效率。首先，意在缓解融资约束的产业政策可能并非真正起到缓解企业融资约束的作用。韩乾和洪永淼（2014）使用国家战略性新兴产业的证券交易数据对产业政策出台后对股票价格和投资者行为的研究发现机构投资者往往利用自身的信息优势和快速的反应能力在政策出台前买进股票，待政策出台后个人投资者进入时，机构投资者就及时脱手获得超长收益导致投资者在短期获得超长收益而对股票中长期的收益率没有影响，这不利于企业获得长期稳定的金融市场支持，较大程度地削弱了产业政策的效果。其次，即便产业政策促进了投资，但是企业扩大自身规模的冲动以及政府和企业间的信息不对称往往降低投资效率。黎文靖和李耀淘（2014）基于融资约束理论使用 2001~2011 年的中国上市公司数据与国家发展和改革委员会颁布的产业政策来度量受扶持行业，发现产业政策并没有显著促进受扶持行业的企业投资，进一步的分样本发现产业政策只是促进了受扶持行业的民营企业投资，但是却降低了民营企业的投资效率，因为民营企业长期面临的融资约束和政策方面的制约，导致自身规模偏小，无法进入很多行业，当机会来临时，民营企业首先考虑的是抓住机会扩大规模而不是提高投资效率。王克敏等（2017）基于信息不对称理论使用 1998~2013 年中国上市公司数据和中共中央制定的国民经济和社会发展五年规划（计划）度量重点产业研究产业政策对企业投资行为的影响，发现产业政策显著提高了企业的补贴数量和贷款数量，越是官员晋升激励强的地区越是倾向于通过产业政策给予企业更多的补贴和贷款，但是，政府与企业间的信息不对称容易造成资源错配，使资源扶持力度越大的企业投资水平越高、过度投资越严重、投资效率越低。张莉等（2019）使用 1999~2007 年中国工业企业数据库和省级"九五"至"十一五"规划（计划）度量重点产业同样发现重点产业政策显著促进了企业的过度投资，降低了企业的投资效率和企业的全要素生产率。

和投资一样，作为拉动经济增长的"三驾马车"之一的出口也是中国产业政策促进的重点，与促进投资的效果一样，政策效果在不同政策工具间存在差异，作为制度试验田的开发区在促进出口中的作用显著，但是直接补贴对促进出口的作用则比较有限。黄玖立等（2013）使用中国海关数据库对 2006 年国家级开发区的研究，发现开发区显著促进了城市出口，尤其是制度密集型行业的出口，而这种出口主要来自扩展边际，即企业增加了出口伙伴国和增加了新的出口产品。陈钊和熊瑞祥（2015）使用 1998~2007 年中国工业企业数据库对国家级出口加工区的研究也发现，平均来看，出口加工区的成立促进了主导行业的企业出口，而且这个效果长期持续存在。然而，直接补贴的作用则比较有限。虽然苏振东等（2012）使用 2003~2007 年中国工业数据库对政府补贴对企业出口行为的研究发现政府补贴显著促进了企业进入国际市场，也使在位企业将更多产值用于出口，但是施炳展等（2013）使用 2000~2006 年中国工业企业数据库和中国海关数据库在研究政府补贴对企业出口数量影响的同时，也研究了政府补贴对企业出口价格的影响，发现虽然政府补贴提高了企业出口数量和价值量，但是却降低了企业出口价格，形成了"以量取胜"的低价出口模式，而且在时间维度上的分样本检验也发现，越到后期，政府补贴只是降低了企业出口价格，对企业出口数量和价值量没有显著影响。张杰和郑文平（2015）使用 1999~2007 年中国工业企业数据库和 2000~2006 年中国海关数据库在研究政府补贴对企业出口集约边际的影响的同时也研究了对扩展边际的影响，发现政府补贴并没有促进企业已有产品的出口数量，而是小额补贴促进了企业的新产品出口，补贴数额过高则会抑制企业的新产品出口。

作为一个发展中国家，中国面临着追赶世界先进国家的目标，促进创新也是产业政策的一个重要目标，然而，中国产业政策在促进创新方面的效果却在不同行业之间和不同政策工具之间存在差异。根据现有研究发现，我国除了在风电行业实行的国产化率保护促进了创新以外，政府的创新补贴可能并没有起到相应作用。解维敏等（2009）使用2003~2005年中国上市公司数据研究政府的研发支出对企业研发支出的影响，发现政府的研发支出与企业的研究支出存在正相关关系。余明桂等（2016）使用2001~2010年中国上市公司数据和中国国民经济和社会发展"十五"计划、"十一五"规划中的重点产业来度量产业政策，研究了产业政策对企业的研发投入和发明专利申请数量的影响，发现产业政策显著提高了受鼓励行业企业的研发支出和发明专利申请数量，这种效果尤其显著地存在于民营企业中。然而，黎文靖和郑曼妮（2016）使用2001~2010年中国上市公司数据和国家发展和改革委员会颁布的产业政策来度量受鼓励行业，研究产业政策对企业专利申请数量的影响，发现受重点产业支持行业的企业专利申请数量显著增加，但是只有非发明专利的申请数量增加，而发明专利的申请数量没有增加，这只是企业为获得政府的信贷支持、税收优惠等产业扶持的一种策略性行为。陆国庆等（2014）使用2010~2012年中国上市公司数据对战略性新兴产业的创新补贴绩效的研究发现政府的创新补贴虽然提高了单个企业的产出绩效，但是产出弹性非常小，对单个企业的影响非常有限。张杰等（2015）进一步使用科技部发布的"科技型中小企业技术创新基金"的数据合并中国工业企业数据库以及国家专利局专利数据库，研究中国的创新资助对中小企业研发投入的影响，发现政府的创新资助效果取决于企业所处的制度环境和资助方式，在知识产权保护越弱、金融发展越滞后的环境中政府的创新资助越能够起到对制度不完善的替代作用，促进企业的研发支出，而且这种效果来自贴息贷款，政府无偿的创新补贴往往不能产生相应效果。而且，周亚虹等（2015）使用2001~2013年中国上市公司数据对新能源行业的研究则发现政府对新能源产业的补贴并没有带来企业研发投入的增加，扶持的结果是同质化的产能过剩。付明卫等（2015）使用国家知识产权局发布的中国专利数据对风电制造业国产化率保护的研究发现国产化率保护显著促进风电制造业发明专利申请数量上升，同时，发明专利获得成功授权的概率并没有下降，国产化率保护显著促进了风电制造业的自主创新。

区域差距扩大是大国发展面临的一个问题，产业政策也被用于平衡区域经济发展，然而，产业政策在平衡区域经济发展中的作用则存在因时因地的差异。开发区是平衡区域经济的一个重要政策工具，从早期的制度试验田到后来越来越具有平衡区域经济的作用（向宽虎和陆铭，2015）。Wang（2013）对1978~2008年中国成立的开发区的研究发现，开发区吸引外商投资和提高工资的效果在越往后成立的开发区中越弱，而且，后期成立的开发区对经济产生的扭曲越大，吸引的外商投资更多是一种转移效应。Alder等（2016）对1998~2010年中国设立的开发区的政策效果的研究与之前研究中国早期成立的开发区的政策效果的文献进行对比，发现开发区促进城市经济增长的效果没有早期成立的开发区大。Chen等（2019）使用2000~2007年中国工业企业数据库发现，平均来看，开发区提高企业全要素生产率的作用在东部地区，开发区在中西部地区并没有显著提高企业的全要素生产率。向宽虎和陆铭（2015）也发现，平均来看，中西部地区的开发区对于提高企业的投资回报并没有显著影响。

现有研究在对中国产业政策效果评估的基础上发现中国产业政策的实施效果在不同的用途之间和在同种用途内部不同政策工具、不同行业、不同地区和不同时间方面都存在差异。中国产业政策在促进产业结构升级方面更多取得了成功，而在抑制产能过剩中的作用则比较有限，在促进投资、出口、创新和落后地区发展方面则在行业、地区、时间和政策工具等不同维度间存在差异。这就需要我们进一步研究中国产业政策实施效果的异质性的影响因素，即中国产业政策成功或失败的条件。此外，对于中国这样一个地区间资源禀赋和发展差异非常大的大国，产业政策实施效果中的区域异质性尤其需要引起重视，这背后的影响因素需要重点研究。同时，在对中国产业政策实施效果的评估中，除了少数文献对中国产业政策的度量使用的是地方产业政策（宋凌云和王贤彬，2013；吴意云和朱希伟，2015；韩永辉等，2017）以外，很多文献不太注重对中国产业政策进行中央与地方的区分，有的甚至用中央产业政策代替地方产业政策（陈冬华等，2010；陆正飞和韩非池，2013；

黎文靖和李耀淘，2014；余明桂等，2016；王克敏等，2017）。这种做法是否科学？中央产业政策与地方产业政策存在怎样的关系和规律？现有文献对这些问题进行了哪些研究？本书的研究又有哪些贡献？本章接下来对这几个角度的研究文献进行梳理，从而说明这些问题的研究进展以及本书的研究贡献。

二、中国产业政策的特征规律

现有研究发现中央产业政策与地方产业政策存在差异，但是，很少有文献对这其中的规律以及这背后政府制定产业政策的行为动机进行研究。宋凌云和王贤彬（2013）在"九五"时期至"十一五"时期、吴意云和朱希伟（2015）在"十五"时期至"十一五"时期、张莉等（2017）在"十一五"时期至"十二五"时期都发现中央产业政策与地方产业政策存在显著差异，在地方产业政策中只有一定比例的中央产业政策，地方产业政策只有部分与中央产业政策重合。而且，吴意云和朱希伟（2015）、张莉等（2017）也分别在"十五"至"十一五"、"十一五"至"十二五"的两个五年规划（计划）时期，发现地方产业政策与中央产业政策越来越接近，也就是在地方产业政策中，中央产业政策所占的比例越来越高。但是，在更长的时间范围内这个规律是否依然存在？而且，这背后地方政府的产业政策是否遵循辖区的比较优势以及违背的动机是什么，尚未被研究。虽然，熊瑞祥和王慷慨（2017）从官员晋升激励角度解释了地方政府偏离辖区比较优势跟随中央产业政策，但是，这个角度无法解释时间维度上地方跟随中央产业政策的现象。江小涓（1993）基于公共选择理论也对中国政府制定和实施产业政策的行为动机进行了研究。但是，改革开放以来的经济上充分发挥地方积极性、政治上坚持党中央集中统一领导所决定的央地关系很大程度上激励和扭曲着地方政府行为，是研究中国地方政府行为的基本框架，所以，对政府制定产业政策行为动机的研究，尤其是对地方政府制定产业政策行为动机的研究需要在这个制度框架下进行，而江小涓（1993）很大程度上并没有在这个制度框架下研究地方政府的产业选择行为和动机。因此，中央产业政策与地方产业政策存在的特征规律和关系还有待深入研究。而且，从第一部产业政策颁布以来中央出台了大量产业政策，但是，据本书所知，目前很少有文献对中央产业政策进行系统梳理。江飞涛和李晓萍（2018）只是介绍了中央产业政策各自的历史演变过程和在不同历史阶段所具备的特征。那么，中央出台了哪些产业政策、存在怎样的规律我们仍然不知道。所以，本书从比较优势角度对中央产业政策和地方产业政策各自的特征规律和相互关系的研究将弥补现有研究中存在的不足，是对中国产业政策的特征规律进行了更为深入的研究。

三、中国地方产业政策成功实施的条件

虽然，为数不多的文献从政策工具的设计是否促进竞争、扶持力度是否处在最优区间、进入和退出是否处在最优时间范围、能否产生分离均衡这些角度研究了中国产业政策成功或失败的条件，但是，这些文献并没有对中国产业政策区分中央产业政策和地方产业政策，可能还不足以解释中国地方产业政策成功或失败的条件。

Aghion 等（2015）、戴小勇和成力为（2019）从政策工具促进竞争的角度研究了产业政策成功实施的条件。Aghion 等（2015）使用 1998～2007 年中国工业企业数据库的补贴、税收优惠、贷款优惠数据和中国各行业的关税数据发现当资源配置给竞争程度高的行业或是更平均地配置给行业中的企业，或者是配置给具有创新能力的企业，或者是鼓励新企业的进入，即扶持资源以保护和促进竞争的方式配置时能够提高企业的全要素生产效率。戴小勇和成力为（2019）使用 1998～2007 年中国工业企业数据库，在行业层面研究了促进竞争的产业政策的效果并进一步进行了机制分析，研究发现促进竞争的产业政策提高了整个行业的全要素生产率和成本加成率，进一步的机制分析发现这种政策效果来源于创新企业的全要素生产率和成本加成率的提高，然后，通过对行业全要素生产率的分解发现，行业全要素生产率的提高主要来源于企业间资源配置效率的改善和企业的进入与退出。

张杰和郑文平（2015）、邵敏和包群（2012）、毛其淋和许家云（2015）发现产业政策的成功实施取决于资源扶持力度是否处在合理区间。张杰和郑

文平（2015）使用2000~2006年中国海关贸易数据库和1999~2007年中国工业企业数据库研究了政府补贴对企业出口的影响，发现政府补贴对企业高端产品出口的影响呈倒"U"型关系，即当政府补贴额度比较小时，政府补贴能促进企业高端产品出口，当政府补贴额度比较大时，政府补贴则抑制了企业高端产品出口。邵敏和包群（2012）使用2000~2006年中国工业企业数据库研究政府的补贴额度对企业全要素生产率的影响也得出类似结论，发现政府补贴额度存在一个最优临界值，当补贴额度小于最优临界值时，政府补贴能够提高企业的全要素生产率，高额补贴可能会弱化企业改善生产效率的积极性，诱发企业寻租，当补贴额度大于这一临界值时，政府补贴对企业全要素生产率的抑制作用逐渐显现。毛其淋和许家云（2015）使用1998~2007年中国工业企业数据库研究政府补贴额度对企业新产品创新的影响得出一致结论，政府适度的补贴能够激励企业的新产品创新，而且能够延长企业新产品创新的持续时间，额度太小的补贴则没有效果，而高额补贴则抑制了企业的新产品创新，并且缩短了企业新产品创新的持续时间，进一步的机制检验发现，这种抑制效应源于企业的寻租行为。

黄先海等（2015）从政策工具的进入退出时间研究了产业政策成功实施的条件。该研究通过一个扩展的伯川德模型发现补贴对创新的影响还取决于行业的竞争程度，当行业的竞争程度比较低时，促进竞争的产业政策能够激励企业创新；当行业的竞争程度很高时，促进竞争的产业政策反而会弱化企业的退出机制，导致企业为获得补贴而生产，加剧产能过剩的风险。

安同良等（2009）从如何通过机制设计来克服资源配置中的逆向选择和道德风险角度研究产业政策成功实施的条件。该研究在对R&D补贴的研究中发现通过提高专用性人力资本价格可以形成分离均衡，能够有效识别出具有原始创新能力的企业，从而避免没有创新能力的企业通过发送虚假信号来获得补贴。

这些研究对中国产业政策都没有区分中央产业政策和地方产业政策，可能还不足以解释中国地方产业政策成功或失败的条件。因为在经济上充分发挥地方积极性、政治上坚持党中央集中统一领导的制度背景下，中国产业政策主要由地方政府实施，中国产业政策的成功或失败是指中国地方产业政策的成功或失败。所以，本书从比较优势角度研究中国地方产业政策成功实施的条件，则弥补了现有研究中存在的不足，从比较优势角度为中国地方产业政策的成功实施提供了一个解释。

四、中国产业政策实施效果的区域异质性

作为一个地区间资源禀赋和发展差异非常大的大国，中国产业政策实施效果存在的区域异质性也是一个值得研究的重要问题，进一步研究区域差异产生原因的文献并不多，中国产业政策实施效果的区域异质性及其产生的原因还有待研究。

目前一些对开发区研究的文献已经发现中国产业政策的实施效果存在区域异质性（Wang，2013；向宽虎和陆铭，2015；Chen et al.，2019）。Wang（2013）对1978~2008年中国成立的开发区的政策效果的研究发现，相比于早期成立的开发区，越晚成立的开发区在吸引投资和提高工资上的作用越小，而且，越晚成立的开发区产生的扭曲也越大，吸引的投资多数不是新增投资而是一种转移效应。虽然，Wang（2013）是在时间维度上发现开发区政策效果的异质性，但是，伴随着区域经济的平衡发展，开发区从早期的制度试验田更多地成为平衡区域经济发展的政策工具，尤其是2003年以后大量的开发区设立在中西部地区，开发区向中西部地区倾斜的现象越来越明显（向宽虎和陆铭，2015），因此，开发区政策效果在时间维度上的差异本质上很可能是区域差异。向宽虎和陆铭（2015）对关闭开发区对企业投资回报影响的研究也得出一致结论，关闭开发区对中西部企业的投资回报并没有显著影响，开发区企业平均的权益资本回报率在关闭开发区政策实施前后随着距离港口距离的增加也没有显著变化。Chen等（2019）使用2004年中国开发区关闭的自然实验，检验了开发区对企业全要素生产率的影响，研究发现，平均来看，关闭开发区显著降低了东部地区企业的全要素生产率，对中西部地区企业的全要素生产率并没有显著影响；中国的三大港口都位于东部沿海地区，对东中西部的划分变为距离三大港口的距离在500千米以内还是500千米以

外，也得出一致结论，平均来看，关闭开发区显著降低 500 千米以内企业的全要素生产率，而对 500 千米以外的企业没有显著影响。这就说明，平均来看开发区的政策效果在东部有，在中西部没有。

但是，进一步研究中国产业政策实施效果产生区域异质性的原因的文献并不多。据本书所知，目前只有 Chen 等（2019）从市场潜力的角度解释了开发区政策效果的区域异质性。Chen 等（2019）认为只有中国东部的多数地区临海具有接近国际市场的区位优势，而且中国东部地区集聚了较多人口，具有更大的国内市场，所以，平均而言，东部地区具有更大的市场潜力，通过规模经济影响开发区对企业全要素生产率的影响。市场潜力构成中国产业政策实施效果的区域异质性的一个解释，但是，是否还存在其他影响因素也是一个值得研究的问题。

所以，本书从比较优势角度研究中国地方产业政策成功实施的条件后，进一步研究这个规律在地区间是否存在差异并从制度角度解释了产生区域差异的原因。这些问题的研究将丰富我们对中国产业政策实施效果的区域异质性的认识，为我们认识中国产业政策实施效果的区域异质性产生的原因提供不同的视角。

总之，本书基于中国的五年规划（计划）和比较优势视角对中国产业政策的特征规律和中国地方产业政策成功实施的条件进行了更为深入的研究，这些问题是研究中国产业政策的基础问题和重要问题，对这些问题的研究有利于我们更科学地认识和研究中国产业政策，有利于我们更好地实施中国产业政策。

第三节　中国产业政策研究的制度框架

中国的大国特征和不同于其他国家的制度背景决定了中国产业政策的研究要结合中国的制度背景。"以块为主、以条为辅"的政府间组织结构和经济上充分发挥地方积极性、政治上坚持党中央集中统一领导下的官员晋升激励构成了改革开放以来中国经济发展的制度背景（Montinola et al.，1995；陆铭等，2008；徐现祥等，2011；周黎安，2008；Xu，2011）。这个制度背景和中国产业政策的历史演进特征共同决定了本书研究问题的制度框架，这个制度框架是分析中央产业政策和地方产业政策关系以及地方政府制定产业政策的行为动机的理论基础，决定了本书在中国产业政策的特征规律和产业政策成功实施的条件这两个角度的具体研究问题，同时，这个制度框架也是本书研究中一些做法的依据。这部分将对改革开放以来中国经济发展的制度背景的研究文献和中国产业政策的历史演进特征进行梳理，从而说明本书研究问题的制度框架，并从理论上分析中央产业政策和地方产业政策的关系以及地方政府制定产业政策的行为动机，并且说明本书研究中一些做法的依据。同时，也说明本书的研究对央地关系、地方政府行为和区域战略这些非常重要的中国问题的研究贡献。

一、中国地方政府行为及其经济影响

"以块为主、以条为辅"的政府间组织结构和经济上充分发挥地方积极性、政治上坚持党中央集中统一领导的治理模式是由中国的大国特征决定的，并具有很强的历史延续性。中国自古以来就是一个大国，统一和发展一直都是非常重要的目标。为了有效治理大国，中国历来实行的几乎都是功能和结构相似的多层级和多地区的政府间组织结构，实行行政的逐级发包和属地化管理（周黎安，2008）。为了充分发挥地方政府的信息优势，中央通常将管理地方事务的相关权力下放给地方政府进行属地化管理，同时，为了维护大国的统一，地方官员的任免权和军事权等权力则通常集中在中央。这种组织结构和治理模式一直延续至今，并成为改革开放以来中国经济发展的制度背景。

改革开放以来中华人民共和国成立之初政府间的"条条"组织结构开始

改变，实行"块块"组织结构①，这种组织结构在发挥地方政府的信息优势和促进辖区间的竞争等方面发挥了重要作用。中华人民共和国成立之初，为了迅速恢复国民经济体系和快速实现工业化，中国模仿苏联实行了高度集中的计划经济体制，这与传统的行政发包制和属地化管理不同的是，各地区的经济活动由中央各部门垂直管理，也称"条条"组织结构或"U型"层级制（Qian and Xu，1993），中央各部委直接掌管地方的物资分配计划、基本建设计划以及企业的生产计划。这种体制由于管得过死而无法调动地方政府和企业的积极性和主动性，所产生的弊端越来越突出。1958年以后，中央开始数次向地方下放权力，将原先属于中央各部委的经济管理权和行政权下放给地方政府，将多数隶属于中央的企业交由地方政府管理，由地方政府掌管本辖区的基本建设权、物资分配权等，中国政府间的组织结构逐渐变为功能和结构相似的多层级、多地区的组织结构，也称"块块"组织结构或"M型"层级制（Qian and Xu，1993；周黎安，2008），"M型"层级制成为改革开放后中国初始的政府组织结构。虽然，之后中央也进行了数次的权力上收，但是，"以块为主"的组织结构始终没有改变（周黎安，2008）。这种组织结构在大国治理中比"U型"层级制存在很多优势。"U型"层级制之间是一个相互协调的整体，地区间的横向联系比较强，这种体制有利于发挥规模经济，实现专业化，有利于调动资源，但是，这种体制的协调成本比较高，在受到外部冲击时，受到的影响比较大；相反，"M型"层级制中地区间是水平联系的，横向联系比较弱，这种体制的协调成本更低，更具有灵活性，在受到外部冲击时，影响往往是局部的且不易扩散，在这种体制中试错的成本比较低，因此，这种体制有利于进行局部试验，促进制度变迁，中国改革开放初期实行的家庭联产承包责任制和开发区都是通过局部试验，然后逐渐推广到其他地区（Qian et al.，1999，2006）。而且，相比于"U型"层级制，"M型"层级制能够更有效地促进辖区间的标尺竞争，产生更有效的激励机制

---

① "块块"组织结构也被称为"M型"层级制，"条条"组织结构也被称为"U型"层级制，只是在不同的文献中使用不同的名称。

（Maskin et al.，2000）。同时，"M 型"层级制中的地方政府具有相对的自主权和信息优势，地区间的竞争有利于提高经济效率，中国改革开放初期，地方政府拥有的相对自主权和地区间的水平竞争，促进了辖区内非国有经济的迅速发展（Qian and Xu，1993）。

改革开放以来，与政府间组织结构调整相伴随的另外一项最基本、最重要的改革就是经济上充分发挥地方积极性。改革开放之初，为了充分发挥地方政府的信息优势，调动地方政府的积极性，中央开始改变以往高度集中的计划经济体制，逐渐将经济管理权、行政权下放给地方政府。地方政府逐渐掌握了本辖区的投资审批权、资源配置权等大量影响经济发展的重要资源，并且开始自主管理本辖区事务、自主制定和实施辖区发展战略，掌握了辖区经济发展的自主权。地方政府不仅不再被动地执行中央政策，而且可以根据本地实际有选择地执行中央政策，同时地方经常会在中央政策以外进行很多创新改革，比如，家庭联产承包责任制、开发区都是由地方政府率先进行尝试或提出的。地方政府逐渐成为推动改革和发展的活跃力量，成为影响中国经济发展的重要力量。经济上充分发挥地方积极性成为改革开放中国初始的制度条件，构成了中国经济发展的制度背景（Montinola et al.，1995；许成钢，2008，2009；周黎安，2008；Xu，2011）。在经济上充分发挥地方积极性的过程中，财政分权是最重要的改革，它深刻地影响着中央与地方的关系和地方政府的行为（周飞舟，2006，2012）。1980 年中央改变以往"统收统支"的财政体制，实行财政包干制，从"大锅饭"体制过渡到"分灶吃饭"，明确划分中央和地方各自的收支范围，据此确定各地方的包干基数，地方超收的部分留作自用或是只有小比例上交，地方政府拥有本辖区财政支出的自主权，这极大地调动了地方政府发展地方经济、增加地方财政收入的积极性。在边际留存率越高的省份，非国有经济发展就越快，国有企业改制也越快（Jin et al.，2005）。因为企业所得税是按照企业的隶属关系进行划分，流转税是按照属地征收的原则划分，乡镇企业的利税归地方政府所有，所以，地方政府有很强的积极性发展乡镇企业，中国的乡镇企业在这一时期得到快速发展（Oi，1992）。"M 型"层级制下的经济上充分发挥地方积极性在调动地方政府致力于本辖区经济快速发展的积极性的同时，也引起了地区间的激烈竞争。为了吸引要素流入本辖区，地方政府之间展开了激烈的竞争，各自纷纷优化本辖区的投资环境，提供良好的公共服务（Qian and Weingast，1996，1997）。地方政府间的竞争提高了地方政府补贴低效率企业的机会成本，加之经济上充分发挥地方积极性下地方政府面临着预算硬约束，这极大地推动了地方政府对国有企业的改革，促进了国有企业民营化，推动了市场化改革（Qian and Roland，1998；Cao et al.，1999；张维迎和栗树和，1998），所以，经济上充分发挥地方积极性的改革提供了地方政府维护市场的激励，促进了辖区的经济发展，提高了辖区的经济效益（Qian and Weingast，1996，1997；Lin and Liu，2000；张晏和龚六堂，2005；陈硕和高琳，2012）。然而，地区间竞争也会扭曲地方政府行为，使地方政府为了实现本辖区经济增长和税收收入的最大化而采取有损经济效率的做法。地方政府一方面设置各种贸易壁垒阻止本辖区的要素流出和其他地区的商品流入，进行地方保护和地区分割，形成"大而全、小而全"的产业结构；另一方面利用价格体系的不健全盲目投资价格高利税大的行业，造成重复建设和产能过剩（沈立人和戴园晨，1990；Young，2000；银温泉和才婉茹，2001），导致巨大的效率损失（郑毓盛和李崇高，2003），使得分权并不利于经济增长（Zhang and Zou，1998；Cai and Treisman，2006）。

经济上充分发挥地方积极性还不构成改革开放以来中国经济发展的全部制度，与经济上充分发挥地方积极性相伴随的是政治上坚持党中央集中统一领导，是中央基于 GDP 的相对绩效考核掌握着地方官员的任免。改革开放以来，中央对地方官员的提拔更看重其辖区的经济绩效，辖区的经济增长率越高官员升迁的概率就越大（Bo，2002；Li and Zhou，2005；周黎安等，2005；王贤彬等，2011；罗党论等，2015）。辖区的经济增长不仅关系着地方的财政收入，而且影响着官员的升迁，这种基于经济增长的相对绩效考核使地方政府做大本辖区 GDP 的激励更强，地方官员围绕着 GDP 展开了"晋升锦标赛"（周黎安，2007），也称作自上而下的"标尺竞争"（张晏等，2010），从而形成了为增长而竞争的局面（张军和周黎安，2008）。为增长而竞争使地方官员在促进辖区基础设施建设、经济增长方面发挥了重要作用（张军等，2007；张军和高远，2007；徐现祥等，2007；王贤彬和徐现祥，2008，2010；徐现祥和王贤彬，2010；姚洋和张牧扬，2013），对改革开放以来中国经济的快速增长起到了重要作用（王永钦等，2006）。然而，这种以 GDP 为导向的相对绩效考核机制往往使地方政府只重视辖区的经济增长，而忽视教育、医疗、环境、社会和谐等民生改善（王永钦等，2007；许成钢，2009；陈钊和徐彤，2011），一个重要的体现就是在财政支出方面，地方政府往往只重视基建等经济性支出而忽视教育、医疗等民生支出（傅勇和张晏，2007；陈硕，2010；张牧扬，2013），导致对地方的招商引资和经济增长影响不大但关系居民福利的非经济性公共物品供给不足（傅勇，2010），使中国地方的财政支出效率有待改善（陈诗一和张军，2008）。由于中国各地区之间的资源禀赋和发展差异非常大，"晋升锦标赛"下的各个地方并不在同一起跑线（Cai and Treisman，2005；Zhang，2006），所以，经济上充分发挥地方积极性和晋升激励下的地方政府行为模式存在因地的差异：经济发达的地区往往会通过技术和制度的创新来优化当地的营商环境，吸引资源流入，扩大当地税基；而经济稍微落后一点的地方则会通过地方保护，来保护当地的商品市场（周业安和赵晓男，2002）。所以，分权的效果也存在因时因地的差异，财政分权对经济增长的促进作用在东部或发达地区更大（张晏和龚六堂，2005）。

1994 年的分税制改革更加激励地方政府做大本辖区 GDP 和最大化本辖区财政收入。财政包干制调动了地方政府发展地方经济，增加地方财政收入的积极性，在地方财政收入迅速增加的同时是中央财力的大幅下降，这严重削弱了中央对经济的调控能力。为了加强中央对经济的调控能力，1994 年中央实行了分税制改革，本质上是进行了一次财政再集权的改革（周飞舟，2006，2012）。分税制改革使中央和地方的预算收入按照中央税、地方税和共享税划分。税种中规模最大的增值税被划为共享税，中央占 75%，地方占25%，营业税、地方企业和个人所得税等一些规模比较小的税种划给了地方。所以，经过这次改革，中央财力迅速增加，地方财力却显著下降，与此同时，中央与地方的支出划分并没有发生太大变化，这导致地方的财政收支不匹配，地方面临比较大的财政收支缺口（周飞舟，2006），为了弥补财政收支缺口，地方政府做大本辖区 GDP、实现财政收入最大化的动机更强。由于税种的调整，地方政府做大本辖区 GDP 的行为也有所变化，因为营业税主要是对建筑业和第三产业征收，而建筑业又是营业税中规模最大的税收来源，加之 2002 年的所得税改革将原来属于地方税的企业和个人所得税变为了共享税，中央占 60%，地方占 40%，使地方政府从企业中获得的税收进一步减少，所以，进入 21 世纪以来，地方政府开始重视土地开发、新城建设等经营城市的做法，因为工业化是城市化的基础，产业政策、招商引资等促进第二产业发展的做法仍然是地方政府工作的重点（周飞舟，2006；周黎安，2008）。

"以块为主、以条为辅"的政府间组织结构和经济上充分发挥地方积极性、政治上坚持党中央集中统一领导下的官员晋升激励构成了改革开放以来中国经济发展的制度背景，这个激励机制在调动地方政府积极性、促进中国经济发展的同时，也产生了许多扭曲。改革开放以来，中国经济发展中产生的激励和扭曲基本都是由制度背景导致的。现有研究多从市场化改革、财政支出、公共品供给、税收竞争、土地竞争、地区分割和地方保护角度研究了经济上充分发挥地方积极性、政治上坚持党中央集中统一领导下的官员晋升激励对地方政府行为的激励和扭曲以及对辖区经济效率的影响（周业安，2003；傅勇和张晏，2007；张晏，2007；李永友和沈坤荣，2008；陈硕，2010；傅勇，2010；张莉等，2011；陈抗等，2012）。分权改革以来，中国地方政府掌握的一个影响经济发展的重要资源就是产业政策。产业政策是地方政府推动辖区经济发展和进行地区间竞争的重要政策工具，那么，在经济上充分发挥地方积极性、政治上坚持党中央集中统一领导的激励机制下，地方政府是如何制定本辖区的产业政策？这个激励机制对地方政府制定产业政策的行为动机产生了怎样的激励和扭曲，地方政府的产业政策是否遵循辖区的比较优势和违背的动机是什么，以及对地方产业政策的实施效果产生了怎样的影响就成为重要的研究问题。然而，目前很少有文献对这些问题进行全面深入的研究。

现有研究文献对这些问题几乎都是理论研究，而且对这些问题的研究也不够全面。沈立人和戴园晨（1990）、银温泉和才婉茹（2001）、周黎安（2004）、陆铭等（2004）、陆铭等（2007）、吴意云和朱希伟（2015）分别从获取高利税、搞垮竞争对手、实现策略性赶超、获取中央资源支持的角度解释了地方政府跟随中央产业政策的原因。沈立人和戴园晨（1990）、银温泉和才婉茹（2001）在经济上充分发挥地方积极性的制度背景下研究了在财政收入最大化的激励下，地方政府往往会对高利税的行业"一哄而上"。周黎安（2004）通过构建一个地方官员政治晋升的博弈模型，发现因为地方官员的晋升名额有限，一个官员的晋升往往降低其他官员的晋升概率，导致地方官员间的政治晋升博弈是一个零和博弈，合作空间非常小，地方官员往往对一些互利共赢的事情没有太大动机而对"损人利己"的事情非常有激励，这就使地方官员之间的竞争往往带有一种相互拆台的恶行竞争，对于中央的重点产业政策，许多地方明知不适合本地的比较优势，但是进入就能够阻止其他地区发展得更好，所以，地方对于中央的产业政策"一哄而上"往往带有搞垮对方的意图。陆铭等（2004）、陆铭等（2007）通过构建一个两期分工决策模型研究了地方政府的策略赶超行为，发现由于高技术产业往往具有很强的"干中学"效应，落后地区虽然在发展高技术产业中不具有比较优势，但是，通过发展高技术产业可以积累相应的经验，在分工收益中可以增强自身的谈判地位。吴意云和朱希伟（2015）认为由于中央产业政策往往配有大量的扶持资源，地方政府往往为获得中央的扶持资源而跟随中央产业政策，将中央产业政策作为制定本辖区产业政策的依据，形成了"中央舞剑、地方跟风"的局势。但是，沈立人和戴园晨（1990）、银温泉和才婉茹（2001）、周黎安（2004）、陆铭等（2004）、陆铭等（2007）、吴意云和朱希伟（2015）几乎都是理论研究，并没有提供相应的经验证据。而且，这些文献只分析了地方政府制定产业政策的行为动机的一个方面，对地方政府制定产业政策的行为动机分析得还不够全面。作为推动地方经济发展的重要力量的地方政府，如果跟随中央产业政策构成了地方政府制定产业政策的全部行为，就会造成地区间产业结构趋同、产能过剩等效率损失（郑毓盛和李崇高，2003；周黎安，2004；吴意云和朱希伟，2015），这就无法解释改革开放以来中国经济的快速增长和效率改善，尤其是区域专业化和产业集中分布的趋势（蔡昉和王德文，2002；白重恩等，2004；文玫，2004；Bai et al.，2004；路江涌和陶志刚，2006）。而且，一些研究产业政策的文献已经发现中央产业政策和地方产业政策只有部分重合，也就是地方政府会在中央重点产业中挑选部分产业作为地方重点产业，而且，在中央产业政策之外，地方政府也会选择一些其他产业（宋凌云和王贤彬，2013；吴意云和朱希伟，2015；张莉等，2017）。所以，"经济上充分发挥地方积极性、政治上坚持党中央集中统一领导"下的地方政府制定产业政策的行为动机还有待全面、深入研究，尤其是基于微观数据的经验研究。同时，地方政府能否通过违背比较优势实现策略性赶超目前只有陆铭等（2004）、陆铭等（2007）从理论上分析了落后地区通过违背比较优势的产业政策实现策略性赶超的可能性很小。在这方面还没有直接的经验证据。所以，中央产业政策与地方产业政策的关系、地方政府制定产业政策的行为动机以及对地方产业政策效果的影响还需要更全面、深入的研究以及相应的经验证据。因此，本书从比较优势角度对中央与地方产业政策关系、地方政府制定产业政策的行为动机以及地方产业政策成功实施条件的研究不仅对产业政策和中国产业政策的研究具有重要贡献，而且对"经济上充分发挥地方积极性、政治上坚持党中央集中统一领导"体制下的地方政府行为和区域战略的研究也具有重要贡献。

二、中国产业政策的历史演进特征

中国的产业政策是于 20 世纪 80 年代在学习日本 20 世纪五六十年代经验基础上引入的选择性产业政策，"产业政策"这个概念首次出现在 1985 年《中共中央关于制定国民经济和社会发展第七个五年计划的建议》中，中国于 1989 年 3 月正式颁布第一部产业政策《国务院关于当前产业政策要点的决定》。中国最早引入产业政策是中国处在由计划经济向商品经济过渡的时期，中国早期的产业政策并不等同于经济学中的"产业政策"用于弥补市场失灵，而是在价格机制不完善的条件下，在某种程度上充当了计划经济的替代物来引导资源配置（国务院发展研究中心产业政策专题研究组，1987；江小涓，1991，1993；周小川和杨之刚，1992；Heilmann and Shih，2013；吴敬琏，2017）。所以，中国早期的产业政策具有很强的计划经济色彩，具有很强的强制性和指令性。随着市场经济体制的不断完善，中国产业政策开始由指令性向指导性转变，由直接干预为主变为以间接引导为主、直接干预为辅，除了淘汰限制类是强制要求企业必须执行以外，其余的产业政策则通过财政、金融等手段间接引导企业实施，中国的产业政策越来越接近市场经济条件下的产业政策（蔡昉和林毅夫，2003；江飞涛和李晓萍，2018），因此，本书的研究问题主要从1992年以后的"九五"时期开始。与其他大量使用产业政策的国家还有一点不同的是，中国产业政策的干预范围非常广、非常深，几乎涉及国民经济的每一个行业，一部产业结构调整政策不仅明确规定了鼓励发展和淘汰限制的产业（产业结构政策），而且对每一个行业鼓励发展和淘汰限制的产品、技术（产品政策、产业技术政策）都做了明确规定，在20世纪90年代中期以前，产业结构政策、产品政策和产业技术政策往往在产业政策文件中以附录形式出现，为了便于产业政策执行，90年代中期以后，产业政策在对产业发展做出总体规划后，产业结构政策、产品政策和产业技术政策往往以"目录"形式单独出现，作为实际中各级政府和各部门执行产业政策、制定地方产业政策和进行招商引资的参考依据，且"目录"通常会不定期进行修订。同时，面对中国经济发展过程中出现的融入全球化、追赶发达国家、地区发展不平衡、产能过剩等各种复杂问题，一部纲领性的产业结构调整政策往往无法解决出现的所有问题，为此，政府针对不同问题又出台了相关产业政策。所以，对中国产业政策的研究首先要弄清楚中央出台了哪些类型的产业政策、存在怎样的特征规律。在产业政策的制定过程中，中央产业政策是由国家发展和改革委员会（其前身是国家计划委员会和国家发展计划委员会，以下简称国家发改委）牵头各部委制定具体产业政策，国务院有最终的决定权（赵英，2000；蔡昉和林毅夫，2003；Heilmann and Shih，2013）。在中央产业政策出台以后，我们看到各部委也在配套出台相应的政策目录。这主要是为了配合产业政策的有效实施，例如，海关总署对产品使用的是HS编码，在国家产业政策出台以后，为了便于海关部门实施国家产业政策，海关总署将国家产业政策目录与 HS 编码协调对应，出台本部门实际执行中使用的目录。这种情况更多地出现在国家重点扶持产业中，例如高新技术产业，在国家产业政策出台后，财政部、海关总署、国家税务总局等各部门都在出台相应的政策目录。而一些指导性的产业政策，如产业结构调整政策则很少看到中央产业政策出台后各部委也相继出台产业目录。因此，政策文件数量很大程度上体现了产业政策的重要程度和扶持力度。产业政策的实施则是发包给地方政府，伴随着"经济上充分发挥地方积极性"和市场化改革，改变了中央对地方"一统到底"的体制，中央产业政策由行政性命令强制要求地方实施变为除了淘汰、限制类以外其余的主要使用财政、金融等扶持方式让地方根据本辖区的比较优势有选择地实施。此外，随着权力下放，地方政府逐渐掌握了投资审批、土地、信贷等影响经济发展的重要资源，成为推动中国经济发展的重要力量。在财政收入最大化和官员晋升激励机制下，产业政策也成为地方政府推动辖区经济发展和进行地区间竞争的重要政策工具。因此，中国产业政策需要区分中央产业政策和地方产业政策，中国产业政策主要是由地方政府实施，地方政府是中国产业政策的实施主体，中国产业政策的实施效果和成功或失败的条件主要指地方产业政策的实施效果和地方产业政策成功或失败的条件。那么，作为中国产业政策实施主体的地方政府是如何制定本辖区的产业政策的，是跟随中央产业政策还是在中央产业政策以外制定地方产业政策？即中央产业政策与地方产业政策存在怎样的关系？这背后地方政府的产业政策是否遵循辖区的潜在比较优势以及对辖区的产业政策效果产生了怎样的影响？

中央出台了哪些类型的产业政策、存在怎样的特征规律，中央产业政策与地方产业政策存在怎样的关系，地方政府的产业政策是否遵循辖区的潜在比较优势以及违背的动机是什么，地方政府制定产业政策的行为动机对地方产业政策的效果产生了怎样的影响，改革开放以来中国经济发展的制度背景和中国产业政策的历史演进特征决定了中国产业政策存在的这些特征规律和中国地方产业政策成功实施的条件是研究中国产业政策的基础问题和重要问题。

第四节 地方重点产业遵循比较优势的理论基础

中国是一个地区间资源禀赋和发展差异非常大的大国，市场一体化条件下的地区专业化（Regional Specialization）和产业集中分布（Localization）的客观规律决定了地方产业政策要因地制宜地遵循辖区的比较优势，决定了比较优势成为本书的研究视角。这部分首先对一般意义上分工益处的文献进行综述，然后对要素禀赋理论、规模经济理论和马歇尔外部性理论进行综述，说明地区间分工的微观基础，从而说明地方产业政策遵循辖区比较优势的理论基础。

一、分工的益处

分工在提高劳动生产率、促进技术进步和制度变迁、促进经济增长方面的重要作用决定了人类社会的发展过程是分工不断深化和演进的过程，由简单的劳动交换发展到产业间、产业内的分工深化和国家间、地区间的分工深化，许多经济学家都对分工的重要作用及其机制进行了研究。

早期一些经济学家就提出了分工的益处。Smith（1776）以制针业为例说明分工通过使劳动者专注于生产的某一环节能够提高劳动者的熟练程度、节省劳动时间，从而提高劳动生产率，促进经济增长，而分工的精细程度则受制于市场范围的大小。Young（1928）进一步指出市场范围和分工是一个动态演进的过程，不仅市场范围决定了分工的程度，而且分工通过产生报酬递增、提高产品多样性和劳动者的购买力也扩大了市场范围，市场范围的扩大又进一步促进分工，社会在市场范围和劳动分工的动态演进中不断进步。

随后，一些经济学家开始在一般均衡模型中研究分工促进经济增长的微观机制。Romer（1987）在一个动态增长模型中研究了专业化促进经济增长的机制，由于专业化促进了中间投入品的多样性从而对下游消费品厂商的生产产生报酬递增，提高下游消费品厂商的生产率，从而促进了经济增长。Rivera-Batiz 和 Romer（1991）在一个知识驱动模型中研究了专业化促进经济增长的微观机制，由于专业化能够产生知识溢出，促进知识积累从而提高研发部门的劳动生产率，促进中间投入品的多样性，从而对下游最终消费品行业产生外部性，使下游最终品厂商的生产产生报酬递增，提高下游最终品厂商的生产率，从而促进经济增长。Romer（1990）在增长模型中内生技术改变，发现经济增长源于人力资本的积累，而市场一体化有利于加速人力资本积累促进研发从而加速经济增长。

然后，一些经济学家开始在模型中内生化劳动分工来研究分工促进经济增长的微观机制。Borland 和 Yang（1992）内生化劳动分工，专业化在产生报酬递增带来收益的同时也导致交易成本上升，专业化的收益和交易成本决定了最优的劳动分工水平，而这个劳动分工水平决定了经济增长率。Yang 和 Borland（1991）在一个动态均衡模型中内生化劳动分工，研究了分工促进经济增长的微观机制，专业化带来的干中学、人力资本积累和报酬递增促进分工深化，分工深化扩大市场规模、内生出比较优势，而市场规模的扩大又进一步促进分工深化，从而促进经济内生增长，市场规模的扩大也会提高交易成本，分工的收益和交易成本间的权衡决定了社会的最优分工水平，从而决定了经济增长率，而交易效率的提高能够促进分工深化，提高经济效率。Becker 和 Murphy（1992）也内生化劳动分工来研究分工促进经济增长的微观机制，发现协调成本和知识是影响专业化水平的主要因素，专业化在产生报酬递增的同时，也提高了协调成本，增加了对知识投资的激励，促进了知识积累，而知识积累有利于降低协调成本，促进分工深化，知识与分工在这种动态演进过程中促进经济增长。Ng 和 Yang（1997）在一个瓦尔拉斯序贯均衡模型中分析了社会的学习过程，研究了知识和专业化分工在动态演变过程中促进经济增长。Yang 和 Shi（1992）在内生化劳动分工的同时也内生化了产品的多样性来研究分工促进经济增长的微观机制，发现当交易效率提高时，专业化水平、产品多样性、劳动生产率、市场范围和人均收入都会提高。Yang 和 Ng（1993）运用超边际分析方法，分析了分工在专业化收益和交易费用的权衡中动态演进，内生出比较优势、提高了生产的迂回程度和生产的集中分布、提高了中间品和消费品的多样性、加速了资本积累和技术进步、提高了企业效率、促进了城市化和市场一体化。

二、分工的微观基础

分工的重要作用决定了经济发展过程中的分工是一个必然趋势，从简单的劳动交换发展到地区间分工和国家间分工，而要素禀赋、规模经济等比较优势方面的差异和马歇尔外部性理论决定了国家间和地区间分工的微观基础。

Heckscher（1919）、Ohlin（1933）提出的要素禀赋理论，也被称为赫克歇尔 - 俄林模型（以下简称 HO 模型），成为现代国际分工理论的基石。Heckscher（1919）、Ohlin（1933）假定各国间或各地区间的生产技术和消费者偏好都相同的条件下，产生国家间或地区间贸易分工的基础是要素禀赋的差异，要素禀赋包括要素丰裕度和要素密集度。要素丰裕度指一国或一地区内部所拥有的各种生产要素的相对丰裕程度，相对丰裕的生产要素的价格低，而相对稀缺的生产要素的价格高，所以，各国家或各地区出口使用本国或本地区相对丰裕的要素生产的产品而进口本国或本地区相对稀缺的要素生产的产品。要素密集度指各种商品生产过程中的要素投入比例，不同的商品在生产过程中所需要的要素投入比例不同，有的商品需要更多的资本投入而有的商品需要更多的劳动投入，因此，各国或各地区出口更多使用本国或本地区丰裕要素生产的产品，进口更多使用本国或本地区稀缺要素生产的产品。这样，国家间或地区间的要素禀赋差异构成了国家间或地区间进行贸易分工的微观基础。

新古典贸易理论可以解释要素禀赋存在差异的国家间或地区间的贸易分工，但是无法解释要素禀赋非常相似的国家间或地区间的贸易分工，而以 Krugman 等为代表的经济学家提出的新贸易理论则从规模经济角度解释了这个问题。Krugman（1979，1980）放弃新古典贸易理论中规模收益不变和完全竞争的假设，将规模经济和垄断竞争引入模型发现要素禀赋相近的国家之间在开放市场之后由于市场规模扩大带来的收益递增也会导致贸易分工。但是什么因素决定了一些行业会在某些国家或地区发生收益递增，而其他一些行业会在另外一些国家或地区发生收益递增，新贸易理论认为是历史或偶然因素。

要素禀赋优势和规模经济等在共同决定产业在国家间或地区间呈专业化分工的同时，马歇尔外部性决定了同一行业的企业呈现集中分布。Marshall（1890）认为同一个行业的企业集中在同一个地方生产能够共享中间品投入、共享劳动力和产生技术外溢，因为同一行业的企业集聚在同一个地方生产能够发挥规模经济，获得更专业化的中间品和特殊技能的劳动力，并通过相互间的学习产生知识外溢从而提高生产率，共享、匹配和学习效应促进同一行业的企业集中在同一个地方生产。这些因素共同决定了产业的区域专业化和集中分布，对一国内部和国家间的经验研究也证实了这一点。

要素禀赋理论、规模经济理论和马歇尔外部性在决定国家间和地区间的分工中的重要作用也得到了经验研究的支持。Kim（1995）、Rosenthal 和 Strange（2001）、Amiti（1998）对美国、欧盟的区域专业化和产业集中分布的研究发现了要素禀赋优势、规模经济和马歇尔外部性在其中的重要作用。Krugman 和 Venables（1995）对产业在国家间分布的研究也发现规模经济在这其中的重要作用。伴随着市场化改革，中国地区间"大而全、小而全"的产业结构以及历史上形成的产业结构扭曲都有所改变，中国的产业分布也开始呈现区域专业化和集中分布的趋势（蔡昉和王德文，2002；白重恩等，2004；文玫，2004；Bai et al.，2004；路江涌和陶志刚，2006），而在这个过程中，地区的要素禀赋优势、规模经济和外部性都发挥了重要作用（白重恩等，2004；Bai et al.，2004；路江涌和陶志刚，2007）。

最近，经济学家发现制度等一些因素成为比较优势新的、重要的来源，成为影响分工的新的、重要的因素。经济学家对各种制度的研究都发现制度成为比较优势的重要来源（Nunn and Trefler，2014）。Levchenko（2007）将制度差异引入国际贸易，在不完全合约框架下分析国际贸易，发现在开放条件下，具有制度优势的国家出口往往在生产上更多依赖制度的产品，制度成为比较优势的重要来源，使用美国数据的实证检验也支持了这个结论。Nunn

（2007）使用跨国贸易数据的实证检验发现合约的执行力成为比较优势的重要来源，它的作用已经超过资本和劳动力解释了更多的贸易类型。对劳动力市场的研究也发现制度的重要性。Cunat 和 Melitz（2012）发现劳动力市场弹性越大的国家越会专业化生产波动性高的产品。Tang（2012）发现劳动力市场的保护能够激励劳动者获取公司所需要的特定技能，从而劳动法制定越多的国家越会密集出口需要特定技能的产品。对金融市场的研究同样发现制度的重要性。Beck（2003）对跨国贸易的实证检验发现在金融体系越发达的国家，外部融资占比越高的行业出口越多。Manova（2008）对跨国贸易的实证研究发现股票市场的自由化显著促进了受融资约束行业的出口。一些研究也发现人力资本的分布、人口的年龄差异等一些新的因素成为比较优势的新来源（Grossman and Maggi，2000；Bombardini et al.，2012；Cai and Stoyanov，2016）。Grossman 和 Maggi（2000）发现如果一国的人力资本比较同质，这个国家倾向于出口生产技术在不同劳动者之间具有很强互补性的产品，如果一个国家的人力资本具有比较大的异质性，这个国家倾向于出口生产技术在不同劳动者之间具有很强替代性的产品。Bombardini 等（2012）在经验研究上支持了这一点。Cai 和 Stoyanov（2016）发现每个行业所需要的技能与人口的年龄结构有关，有些行业需要的人口技能随着人口年龄的增加越来越熟练，而有些行业需要的技能随着人口年龄的增加而逐渐衰减，随着人口老龄化会导致一国在前者的生产上越来越具有比较优势而在后者的生产上没有比较优势。还有一些研究发现比较优势已超出一种来源，是多种因素联合作用的结果（Costinot，2005，2009a，2009b）。Costinot（2005）发现制度和生产率是比较优势的互补来源。Costinot（2009a）发现生产率和要素禀赋结构共同影响一国比较优势的来源。Costinot（2009b）发现在复杂工业中更好的制度和更高教育水平的劳动者是比较优势的互补来源。

分工的益处以及市场一体化条件下的地区专业化和产业集中分布的客观规律决定了地方产业政策要因地制宜地遵循辖区的潜在比较优势，才有利于本辖区和整个大国的效率，而退出分工、违背比较优势的策略性赶超等违背区域经济一体化规律的行为则会造成产能过剩、僵尸企业以及中国工业过早进入再分散等效率损失（郑毓盛和李崇高，2003；周黎安，2004；吴意云和朱希伟，2015；申广军，2016）。

第五节　比较优势与产业政策效果

是不是遵循比较优势的产业政策更容易成功？因为往往尊重客观经济规律、促进市场机制发挥的产业政策更容易成功（World Bank，1993；青木昌彦，1998）。关于是遵循比较优势的产业政策还是违背比较优势的产业政策能够形成产业竞争力一直是一个充满争议的问题，这个问题更多是理论研究，也没有形成一致结论，同时，这个问题也缺乏直接的经验证据。这部分将对比较优势与产业政策效果的研究文献进行综述，来说明比较优势与产业政策成功实施的理论基础以及本书的研究对这支文献的贡献。

一、比较优势与产业政策效果的理论研究

一方基于要素禀赋理论认为是遵循比较优势的产业政策能够形成产业竞争力。林毅夫等（1994，1999）、林毅夫（2002）在对"东亚奇迹"总结的基础上，基于要素禀赋理论提出了比较优势战略理论，认为当经济体按照自身的比较优势来组织各种经济活动时，经济活动才具有最低成本，在市场竞争中才具有竞争力，才能够获得最大利润和最大剩余，从而有利于加速资本积累，促进产业结构升级，所以，产业政策（发展战略）应该遵循比较优势，只有遵循比较优势的产业政策（发展战略）才能形成产业竞争力，促进经济快速发展；相反，违背比较优势的产业政策（发展战略）会使所扶持的产业（产品）不具有竞争力，为了保护这些不具有竞争力的产业（产品），政府会采取从有比较优势的部门抽取资源和干预金融市场等措施，这不仅会减少剩余，不利于资本积累和产业结构升级，而且会扭曲金融市场发育、阻碍国际贸易发展、扩大收入差距，导致宏观经济不稳定、滋生寻租和腐败等

不利后果。国家计委投资研究所和中国人民大学区域所课题组（2001）、蔡昉等（2003）、林毅夫和李永军（2003）进一步在对竞争优势理论和比较优势理论分析的基础上认为发挥比较优势是实现竞争优势的前提条件，竞争优势的实现有赖于充分发挥比较优势，只有遵循比较优势的产业才能形成产业竞争力，一个国家只有发挥自身的比较优势才能形成自身的竞争优势，尤其对于发展中国家只有遵循自身的比较优势，才能够循序渐进地缩小与发达国家的差距。Harrison 和 Rodriguez-Clare（2010）基于一个静态模型的研究发现，当发展中国家扶持的是有潜在比较优势的产业才能在国际竞争中形成竞争力。Kline（2010）、Neumark 和 Simpson（2015）对区位导向型政策的研究也发现，政策只有与当地的要素禀赋和已有的经济基础比较好地结合才能促进经济集聚。

另一方基于对要素禀理论中一些假设条件的批判和战略性贸易理论认为是违背比较优势的产业政策能够形成产业竞争力。洪银兴（1997）、王佃凯（2002）认为在全球经济一体化条件下，要素禀赋理论的一些假设条件已发生改变，如果按照比较优势参与国际分工，发展中国家的劳动密集型产品和资源密集型产品将不具有竞争优势，发展中国家将会陷入"比较优势陷阱"，无法缩小与发达国家的差距。张幼文（2005）认为由于劳动密集型产品的可替代性强，加之国际贸易体制的问题，按比较优势参与国际分工会使发展中国家在国际竞争中长期处于不利地位。Young（1991）认为由于初级产品的干中学效应没有高级制成品那样强，按照比较优势分工，专业化生产初级产品的发展中国家的经济增长速度将低于专业化生产高级制成品的发达国家，发展中国家将无法缩小与发达国家的差距。因此，洪银兴（1997）、Redding（1999）、郭克莎（2003）基于动态贸易理论和战略性贸易理论，认为发展中国家的产业政策应该违背比较优势，通过扶植高技术产业在未来动态中培育起比较优势。

然而，有些学者发现很多对比较优势理论质疑甚至否定的观点都源于对比较优势理论的错误理解（梁琦和张二震，2002；张二震，2003；李辉文，2006）。李辉文（2004）认为发展中国家的劳动密集型产品和资源密集型产品不具有竞争力的观点是不正确的，是对比较优势理论的错误理解，按照比较优势发展的产品，不仅包含着国内产品间比较，也包含国际间比较，按照比较优势发展的产品一定具有国际竞争力，此外，认为比较优势理论是一种静态理论的观点也不正确，要素禀赋和要素密集度都会内生地发生变动，比较优势理论也具有内在的动态属性，所以，认为按照比较优势参与国际分工，发展中国家会陷入"比较优势陷阱"的观点没有充分的理论依据，并对"比较优势陷阱"提出了批判。对于基于动态贸易理论和战略性贸易理论认为产业政策应该违背比较优势的观点，林毅夫和孙希芳（2003）首先是提出了动态贸易理论存在的内在逻辑矛盾，其次是一些学者存在对战略性贸易理论政策的错误理解，因为当前的比较优势决定了技术进步速度，通过实行违背比较优势的产业政策进行赶超只适用于发展阶段和要素禀赋非常接近的国家之间，不适用于发展中国家对发达国家的赶超，发展中国家应该遵循比较优势，循序渐进地追赶发达国家。

同时，一些学者围绕是遵循比较优势的产业政策还是违背比较优势的产业政策能够形成产业竞争力展开了激烈争论，最终也没有形成一致结论。Lin和Chang（2009）围绕着发展中国家的产业政策应该遵循比较优势还是违背比较优势展开了一场激烈争论，Lin基于比较优势理论认为发展中国家的产业政策应该遵循比较优势，而Chang则认为生产要素不具有完全的流动性，而且技术能力往往以产业专用的方式存在，需要通过具体的生产经验的积累获得，因此，发展中国家获得某个新产业的技术能力实现对发达国家的赶超，就必须违背比较优势，在具备相应要素禀赋之前提早进入该产业，Lin认为生产要素的国际间转移是有先例的，虽然发展中国家和发达国家间存在不同的技术能力，但是随着运输成本下降，发展中国家可以根据自身的比较优势进入产业链的某个环节，而且逐步推进的学习成本远低于一次性跨越的学习成本，还能有效避免资源错配和寻租腐败。经过几个回合的争论，双方虽然在产业政策应该遵循比较优势的问题上产生了共识，但在多大程度上的偏离是合理的、依然属于遵循比较优势的问题上，仍然存在较大分歧（Lin and Chang，2009）。

还有一些学者认为是遵循比较优势的产业政策还是违背比较优势的产业

政策能够形成产业竞争力取决于所处条件。Harrison 和 Rodriguez - Clare（2010）基于静态分析发现，如果使用违背比较优势的产业政策，就必须使动态培育起的产业在国际竞争中获得的垄断租金能够弥补使用产业政策的成本，或者是该产业具有很强的外部性，能够提高整体经济效率。而 Rodriguez-Clare（2007）发现产业政策应该遵循比较优势还是违背比较优势是有条件的，这取决于是大国还是小国，因为并不是高技术产业就一定产生马歇尔外部性，一个产业能否产生马歇尔外部性取决于组织生产的方式，对于大国违背比较优势地发展高技术产业能够产生产业集聚，而小国则不然，对于小国发展有比较优势的产业才能产生马歇尔外部性从而促进产业集聚。

理论上的分歧使得经验研究非常重要。

二、比较优势与产业政策效果的经验研究

由于潜在比较优势的不易度量和识别上的困难，相应的经验研究就比较少。为数不多的经验研究发现遵循比较优势的产业政策（发展战略）产生积极的经济影响，而违背比较优势的产业政策（发展战略）则产生负面的经济影响。

一些研究发现遵循比较优势的产业政策产生了积极的经济影响。李力行和申广军（2015）使用2004年和2008年的中国工业企业数据在城市_行业层面研究了开发区对城市产业结构调整的影响，研究发现开发区通过设立目标行业，促进了要素从低效率部门向高效率部门的流动，从而促进了城市产业结构的调整，而这一政策效果是通过设置了符合当地比较优势的目标行业实现的。陈钊和熊瑞祥（2015）使用1998~2007年中国工业企业数据库对国家级出口加工区政策效果的研究，同样发现政策效果取决于所设立的目标行业是否符合当地的比较优势，当目标行业是符合当地比较优势的行业时，出口鼓励政策显著提高扶持行业内的企业出口额，而且这种政策效果逐年递增；反之，当目标行业不符合当地的比较优势时，这种政策效果则不显著。Cai等（2011）对中国的关税和税收优惠的研究也发现，虽然关税总体上降低了企业和行业的全要素生产率，但是对具有比较优势行业的税收减免提高了行业的全要素生产率。

对违背比较优势的产业政策（发展战略）的研究也得出了一致结论，违背比较优势的产业政策产生了负面的经济影响。林毅夫（2002）使用1970~1992年42个国家的数据实证检验了政府的发展战略与比较优势的偏离程度对人均GDP增长率的影响，发现发展中国家违背比较优势的发展战略不利于实现向发达国家收敛。林毅夫和刘培林（2003）对1978~2000年中国29个省份的实证检验同样发现，偏离比较优势的发展战略导致劳均GDP增长率下降，落后地区实行偏离比较优势的发展战略是导致中国地区间收入差距扩大的一个重要原因。申广军（2016）使用2007~2013年中国工业企业数据库，不论是在企业层面还是加总到城市_行业层面的研究都得出一致结论，违背禀赋比较优势和技术比较优势导致僵尸企业的产生。虽然，杨汝岱和姚洋（2008）对1965~2005年112个国家的跨国经验分析表明实行有限赶超的经济体的增长速度显著高于严格按照比较优势进行分工的经济体，但是，这种增长绩效仅出现在短期，长期中每个国家的增长速度都收敛于由比较优势所决定的贸易格局。

围绕是遵循比较优势的产业政策能培育起产业竞争力还是违背比较优势的产业政策能培育起产业竞争力，理论上存在激烈的争论，并没有形成一致意见。虽然为数不多的经验证据指向遵循比较优势的产业政策产生积极的经济影响，而违背比较优势的产业政策则产生消极的经济影响，但是这些研究几乎都是在宏观层面和微观企业层面研究政策效果，而产业政策扶持产业的直接目的是培育起产业竞争力，遵循或违背潜在比较优势的产业政策对产业竞争力的影响还没有直接经验证据。因此，比较优势与产业政策效果还有待检验，本书从比较优势角度对中国地方产业政策成功实施条件的研究，为产业政策与比较优势效果提供来自一国内部的经验证据。而且，这个问题也属于产业政策成功实施条件的研究范畴，这个问题的研究对产业政策成功实施条件的研究也具有重要贡献。

第六节　潜在比较优势的度量：*density* 指标

本节将详细介绍潜在比较优势度量指标 *density* 的构建逻辑、优点和在比较优势的演变路径的研究中的使用以及比较优势的演变路径这支文献对本书研究的借鉴意义和本书的研究对这支文献的贡献。虽然，政府的产业政策是否遵循比较优势和比较优势与产业政策效果，一直都是具有重要学术价值和现实意义的研究问题，但是，潜在比较优势的不易度量一直是制约从比较优势角度研究产业政策的一个重要因素。虽然，经济学家也尝试构建了一些度量潜在比较优势的指标（Pearson，1973；北京大学中国经济研究中心发展战略组，2002；李力行和申广军，2015），但是这些指标在度量潜在比较优势上存在各种不足。本书对潜在比较优势的度量借鉴 Chen 等（2017）使用产品空间文献 Hidalgo 等（2007）构建的 *density* 指标，这个指标能较好地克服现有潜在比较优势度量指标存在的一些不足，能够比较全面地度量比较优势的各个来源，这也是本书的一个贡献所在。这部分首先通过综述产品空间文献来介绍这个指标及其构建逻辑，并指出这个指标相较于其他潜在比较优势度量指标的优点。此外，这个指标在提出后被经济地理学家广泛用于研究比较优势的演变路径，这支文献的研究对本书从比较优势角度研究中国地方产业政策成功实施的条件具有重要借鉴意义。而且，政府干预能否打破比较优势演变过程中的路径依赖，使之通过跨越式地发展一些技术距离远的产业①来实现对发达国家或地区的赶超，也是这支文献关心的问题。然而，这方面的研究还比较少，本书从比较优势角度研究中国地方产业政策成功实施的条件也为这个问题的研究提供了相应的经验证据。最后，本书通过综述这支文献

---

① 产业和已有产业结构的技术距离的远近本质上和遵循比较优势或违背比较优势一个意思，只是在经济地理这支文献中更多地使用"技术距离的远近"这种表述。

的研究发现来说明这支文献对本书研究的借鉴意义和本书的研究对这支文献的贡献。

一、构建逻辑：产品空间文献

本书对潜在比较优势的度量使用 Hidalgo 等（2007）构建的 *density* 指标。这个指标衡量了某个产业或产品与某地区产业结构的技术距离，即与该地区有显性比较优势的产业或产品在生产所需的要素投入、制度环境和市场规模等方面的相似程度或接近程度。这个指标的计算首先使用国际贸易数据计算出两两产品的相似度，即两个产品在同一个国家出口的条件概率的最小值，这个值越大说明这两种产品在同一个国家出口的概率越大，这背后体现的是这两种产品在生产过程中所需的要素禀赋、制度环境和市场规模等越相似（接近），两种产品的技术距离越短，即两种产品越相似。有了两两产品的相似度数据就可以计算两两行业的相似度数据，然后可以计算一个产业或产品与某地区产业结构的技术距离，即 *density* 指标，*density* 指标是将某产业或产品与该地区有显性比较优势的产业或产品的相似度总和与该地区所有产业或产品的相似度总和的比值。*density* 数值越高表示该产业或产品与该地区的产业结构的技术距离越短，即与该地区已有的产业结构越接近，说明该产业或产品与该地区有显性比较优势的产业或产品在生产所需的要素投入、制度环境和市场规模等方面越相似或越接近，即这个地区具备该产业和产品发展或生产所需的要素禀赋、制度环境和市场规模等要素，该地区具有发展该产业或生产该产品的潜力，适合该产业或产品的发展或生产，所以，*density* 指标本质上度量的就是潜在比较优势。只是在这支文献中对 *density* 指标所表示的经济学含义没有使用"潜在比较优势"的表述，而是使用"技术距离的远近""与已有产业结构的接近程度"这样的表述。这个指标表示的本质含义就是，虽然我们不能直接地知道行业 A 在该地区是否有潜在比较优势，但是我们可以通过观察与行业 A 特别相似的行业在该地区有没有显性比较优势，如果与行业 A 特别相似的行业在该地区发展得特别好，已经形成了显性比较优势，说明该地区的资源禀赋、制度环境和市场规模等要素适合行业 A 的发展，该地区具有发展行业 A 的潜在比较优势。*density* 指标的具体计算过程在第三章"实证指标"这一节具体介绍。

然后，产品间的相似度可视化为产品空间可以直观地看出比较优势的演变路径。Hidalgo 等（2007）在提出产品相似度和 *density* 指标后，将产品相似度数据可视化为产品空间，产品空间中的每一个圆圈代表一种产品，相似度比较高的产品之间用直线连接。Hidalgo 等（2007）发现产品空间的分布非常不均匀，越往内层是越稠密的区域，越往外层是越稀疏的区域，处在稠密的核心层往往是技术、资本密集型产品，处在稀疏的外围层多是资源和劳动密集型产品。然后，Hidalgo 等（2007）在产品空间中研究了发达国家和发展中国家的产品演变过程，发现比较优势的演变存在路径依赖，变得有显性比较优势的产品几乎都是与原有产品非常相似的产品，这是因为在产品的动态升级过程中，发展与已有产品相似的产品，所要跨越的技术距离短，更容易获取生产所需的要素禀赋和市场规模等要素，从而更容易实现产品升级；相反，如果发展技术距离远的产品，就很难获得生产所需的要素禀赋和市场规模等要素，从而很难实现产品升级。

随后，*density* 指标被越来越多的国际、国内学者广泛使用。国际经济学家和区域经济学家将 *density* 指标引入各自领域研究比较优势的演变路径，实证检验在产业或产品的动态演变过程中，新形成的有显性比较优势的产业或产品是不是与原有产业结构非常接近的产业或产品，这些研究对本书从比较优势角度研究中国地方产业政策成功实施的条件具有重要借鉴意义，本书将在接下来的部分综述这方面的研究发现。与此同时，一些学者开始使用 *density* 指标度量潜在比较优势用于研究中国问题。Chen 等（2017）使用这个指标度量潜在比较优势来研究中国出口加工区成功实施的条件，研究发现中国出口加工区能否促进企业出口取决于所扶持的主导产业是否符合辖区的潜在比较优势，平均来看，往往是主导产业符合辖区潜在比较优势的出口加工区能够显著促进企业出口。Zhu 等（2017）使用这个指标研究中国地方政府的干预能否培育起技术距离远的产业，研究发现中国地方政府的创新投入、基础设施建设、人力资本投资以及外资引入有助于摆脱产业升级过程中的路径依赖，有助于地方政府跨越式地扶持起技术距离远的产业。

相比于目前常用的潜在比较优势度量指标，*density* 指标比较全面地度量了潜在比较优势的各个来源。李力行和申广军（2015）、申广军（2016）使用的禀赋比较优势、技术比较优势、生产率比较优势这些指标都只选取比较优势的某一个来源来度量潜在比较优势。林毅夫（2002）、北京大学中国经济研究中心发展战略组（2002）、林毅夫和刘培林（2003）构建并使用了技术选择指数来度量发展战略是遵循潜在比较优势还是违背潜在比较优势，这个指标存在的同样问题就是，它的构建依据要素禀赋理论，技术选择指数反映的比较优势来源是资本和劳动的相对丰裕程度。但是，随着经济发展，决定比较优势来源的已不仅是劳动生产率、资本和劳动的相对丰裕程度，规模经济、人口年龄结构的差异、人力资本的分布、制度都在成为比较优势新的、重要来源（Krugman，1979，1980；Grossman and Maggi，2000；Levchenko，2007；Nunn，2007；Bombardini et al.，2012；Nunn and Trefler，2014；Cai and Stoyanov，2016），而且，比较优势的来源已超出一种因素的作用，是许多因素联合作用的结果（Costinot，2005，2009a，2009b）。而禀赋比较优势、技术比较优势、生产率比较优势和技术选择指数这些指标就无法包括规模经济等比较优势这些新的和重要的来源，而且也仅度量了比较优势的一个来源。技术选择指数还存在的一个不足就是我们只知道实际技术选择指数，而不知道最优技术选择指数，研究中往往在计量模型设定中将最优技术选择指数作为常数项差分掉（林毅夫，2002；林毅夫和刘培林，2003；Lin and Liu，2004），这会造成估计的偏误。钟甫宁等（2001）使用国内资源成本测算国内各地区在粮食生产上的比较优势，这个指标除了无法包含规模经济等这些比较优势的新来源以外，还存在的一个不足就是计算这个指标所需要的影子价格、要素的相对成本等数据都依赖于估算，这导致这个指标在度量潜在比较优势时存在较大误差，因此，这个指标只被用在特定领域，如农业方面。因此，就本书的研究问题，使用 *density* 指标度量潜在比较优势应该是目前更好的一个度量。

二、实证使用：比较优势的演变路径

density 指标被广泛用于研究比较优势的演变路径。这支文献的研究对本书从比较优势角度研究地方产业政策成功实施的条件具有重要借鉴意义，同时，本书的研究对这支文献研究政府在比较优势演变过程中的作用提供了相应的经验证据。

现有研究发现比较优势的演变存在路径依赖，变得有显性比较优势的产品或产业都是具有潜在比较优势的产品或产业。Hidalgo 等（2007）提出 *density* 指标以后，越来越多的经济地理学家将 *density* 指标引入区域经济学和国际贸易领域研究比较优势的演变路径。这些研究对不同国家间和国家内部不同地区间的实证检验都比较一致地发现，不论是在国家间还是在一国内部的地区间，比较优势的演变都存在路径依赖，变得有显性比较优势的产品或产业都是 *density* 数值比较高的产品或产业，即与原有产业结构非常接近的产品或产业（Boschma and Iammarino，2009；Neffke et al.，2011；Boschma et al.，2013；Boschma and Capone，2016）。Boschma 和 Capone（2016）使用 1995～2010 年欧盟 27 国中部分国家和欧洲邻国政策中部分国家的国际贸易数据对这些国家的产业结构演变过程进行了研究。Boschma 和 Iammarino（2009）使用 1995～2003 年意大利各省份的进出口数据对意大利各省份的产业结构演变过程进行了研究。Neffke 等（2011）使用 1969～2002 年瑞典 70 个省份的企业数据对瑞典各省份的产业结构演变过程进行了研究。Boschma 等（2013）对 1988～2008 年西班牙 50 个省份的产业结构演变过程进行了研究。这些研究都得出一致结论，这是因为一个产业或产品的形成并不是偶然的，而是要有其所需的资源禀赋、技术条件和市场规模等要素，一个地区现有的产业结构决定了该地区所具备的资源禀赋、市场规模和技术水平等要素。对于原有产业结构非常接近的产品或产业，该地区往往有其发展所需要的技术条件、市场规模和资源禀赋等要素，从而更容易发展起来，形成显性比较优势；相反，对于一个没有潜在比较优势的产业或产品，该地区就不具备其发展所需要的资源禀赋等要素，这些产业或产品的发展需要克服较大障碍和较多不利

条件，所以，很难发展起来形成显性比较优势（Boschma et al.，2013）。而且，学习效应往往发生在相似度比较高的行业之间，只有在技术距离非常短，也就是相似度比较高的行业之间才能产生知识溢出（Boschma and Iammarino，2009）。在产业结构的演变过程中，发展一个新产业或产品的过程就好比一只猴子在茂密不均的森林中从一棵树向另外一棵树的跳跃过程，如果跳向离自己非常近的树就很容易实现，而跳向离自己很远的树可能就很难实现（Hidalgo and Hausmann，2008）。所以，在市场机制作用下往往是具备潜在优势的产业或产品更容易形成显性比较优势。

但是，政府的干预能否打破产业升级过程中的路径依赖，使落后国家或地区通过违背比较优势、跨越式地发展一些技术距离远的产业，来实现对发达国家或地区的赶超，一直也是这支文献关心的问题。然而，这方面的研究还比较少，尤其是经验研究。据本书所知，目前只有 Zhu 等（2017）对这个问题进行了经验研究，但是，他们对这个问题的研究还存在一些不足。虽然，Zhu 等（2017）对中国地方政府的研究发现，中国地方政府的创新投入、基础设施建设、人力资本投资以及外资的引入能够摆脱产业升级过程中的路径依赖，跨越式地扶持起一些技术距离远的产业。但是，Zhu 等（2017）只研究了政策的短期效果，没有研究政策的长期效果，所以，我们看到产业形成的显性比较优势并不确定这是由政策扭曲形成的短期效果还是真正培育起了产业的显性比较优势。而且，Zhu 等（2017）还存在的一个不足就是在计算 *density* 指标时使用的产品相似度数据并不像 Hidalgo 等（2007）、Chen 等（2017）以及本书是使用国际贸易数据计算的，而是使用中国内部各地区的出口数据计算的，这就导致 *density* 指标存在比较大的内生性。因此，政府的干预能否打破产业升级过程中的路径依赖还有待进一步研究，本书从比较优势角度研究中国地方产业政策成功实施条件也为这支文献对政府在比较优势路径演变中的作用的探讨提供了相应的经验证据。

本章小结

作为研究中国产业政策的学术成果，本书的研究不仅对中国产业政策的研究具有重要贡献，而且对产业政策的研究、中国地方政府行为和区域战略的研究以及比较优势的演变路径和比较优势的来源的研究都具有重要贡献。

本书对中国产业政策的特征规律和中国地方产业政策成功实施的条件进行了更为深入的研究。已有对中国产业政策的研究主要集中于评估政策效果，对中国产业政策的特征规律和中国产业政策成功实施的条件的研究则比较少。为数不多的几篇对中国产业政策的特征规律进行研究的文献只在两个五年规划（计划）这样一个比较短的时期研究了中央产业政策与地方产业政策的关系，那么，中央产业政策有哪些类型、存在怎样的特征规律，在中国这样一个区域间发展差异非常大而且地方政府干预又比较强的大国中，地方产业政策是否遵循辖区的比较优势以及违背比较优势的动机是什么，这些问题几乎没有文献基于微观数据做出完整回答。对中国产业政策成功实施的条件进行研究的几篇文献几乎都没有对中国产业政策进行中央与地方的区分，而且在中国这样一个区域间发展差异比较大的大国中，这个规律在区域间是否存在差异以及产生区域差异的原因是什么，这些文献几乎都没有进行研究。本书则弥补现有研究中存在的这些不足，对这些问题进行了研究，从而对中国产业政策的特征规律和中国产业政策成功实施的条件进行了更为深入的研究。

这些问题的研究也为产业政策成功实施的条件的研究提供了相应的经验证据，为政府制定产业政策的行为动机的研究提供了借鉴。虽然，产业政策成功或失败的条件和政府制定产业政策的行为动机也是产业政策的重要研究问题，但是，产业政策的研究同样集中于评估政策效果，在这两个问题上的研究还比较少。关于产业政策成功或失败的条件的研究，比较优势角度更多的是理论研究而缺少直接的经验证据，在制度角度提出之后也缺少直接的经验证据，本书从比较优势角度研究中国地方产业政策成功实施的条件，并从制度角度解释区域差异产生的原因，为比较优势与产业政策效果提供了来自一国内部的经验证据，为制度是产业政策发挥作用的条件提供了经验证据，为产业政策成功实施条件的研究提供了相应的经验证据。目前，政府制定产业政策的行为动机的理论研究和经验研究都比较缺乏，本书对中央产业政策和地方产业政策关系以及地方产业政策是否遵循辖区比较优势和违背的动机的研究则为政府制定产业政策的行为动机的研究提供了相应的经验证据。

同时，这些问题的研究也是从产业政策角度研究经济上充分发挥地方积极性、政治上坚持党中央集中统一领导制度背景下的央地关系和地方政府行为及其经济影响。该制度背景下的央地关系和地方政府行为及其对经济的影响一直都是重要的研究问题，现有文献虽然从财政收支、公共品供给、税收、土地等角度进行了很多研究，但是产业政策作为地方政府影响经济发展的一个重要政策工具，现有文献很少从产业政策角度研究央地关系和地方政府行为及其对经济影响，这其中落后地区能否通过实施违背辖区比较优势的产业政策实现向发达地区收敛也是区域战略的重要研究问题。然而，为数不多的文献对这些问题几乎都是理论研究，而且对这个问题的研究也不够全面。因此，本书对中国产业政策的特征规律和中国地方产业政策成功实施条件的研究也是从产业政策角度对央地关系和地方政府行为及其区域战略进行了比较全面的研究，尤其是提供了相应的经验证据。因此，本书的研究对地方政府行为和区域战略的研究也具有重要贡献。

此外，本书从比较优势角度研究中国地方产业政策成功实施的条件也发展了比较优势的演变路径这支文献。这支文献发现比较优势的演变存在路径依赖，但是，政府的干预能否打破路径依赖实现跨越式发展，也是这支文献的重要研究问题，目前这方面的研究还比较少。本书从比较优势角度对中国地方产业政策成功实施条件的研究也发展了这支文献。

最后，本书从制度角度解释中国地方产业政策实施效果的区域差异为制度与比较优势的关系提供了新的发现。这支文献发现制度是比较优势的重要来源，本书发现制度是比较优势发挥作用的重要条件。

第三章　实证数据和指标

数据和指标是本书的重要组成部分，本书不仅收集整理大量丰富的数据、选取合理的指标用于实证研究，其中对核心解释变量——产业政策数据的收集整理和核心被解释变量——潜在比较优势指标的选取也是本书的一个重要贡献所在。本书收集整理的产业政策数据不仅克服了产业政策数据较难获得这个难题，而且应该是目前关于中国产业政策最全的数据。本书借鉴 Chen 等（2017）使用 Hidalgo 等（2007）构建的 *density* 指标度量潜在比较优势，该指标应该是目前对于潜在比较优势的一个更好度量。本章首先对产业政策数据的收集、整理和界定过程，以及依据研究需要对计算核心被解释变量——比较优势主要使用的中国工业企业数据库所做的清理工作和一些其他指标的数据来源进行详细介绍。然后，详细介绍核心解释变量——产业政策、核心被解释变量——比较优势的具体计算过程。

第一节　实证数据

一、产业政策数据

本书核心解释变量——产业政策数据主要来自笔者对产业政策文本的收集、整理和界定。中央产业政策数据由笔者对 1989 年中国第一部产业政策颁布以来至 2017 年中央出台的所有产业政策文件收集整理而成。中央产业政策的出台或修订，在文件中都会说明废止之前的相应文件，笔者通过前后核对，尽可能避免收集整理的政策文件存在遗漏。中央和地方的重点产业数据来自笔者对中央和各省（自治区、直辖市）国民经济和社会发展五年规划（计划）中"产业结构调整"相关内容中的重点产业的提取和界定。因为中央和地方的产业政策除了以政策文件的形式颁布以外，还会将其作为发展战略写入国民经济和社会发展五年规划（计划）　［以下简称"五年规划（计划）"］① 中"产业结构调整"相关内容中，为了避免一些地区因早期电子化程度不高而产生的政策文件遗漏，本书对中央和地方的重点产业数据的提取和界定统一使用中央和各省（自治区、直辖市）的五年规划（计划）。因为省级政府对本省发展哪些重点产业、在哪里发展已经做出总揽全局的规划，加之在地级市和县级层面，政府掌握的财政、金融等资源往往比较有限，扶持大型产业发展的能力就比较有限，所以，本书对地方产业政策的研究是在省级层面。因为中央产业政策在 1989 年颁布以后真正密集出台是在 1992 年以后②，而且早期的中国产业政策具有很强的计划经济色彩，伴随着市场化改革，中国的产业政策才越来越具备市场经济条件下产业政策的功能（蔡昉和林毅夫，2003；江飞涛和李晓萍，2018），此外，1992 年以前中央制定的五年计划很多中间都出现过调整，几乎没有完整执行下来的，所以，本书对重点产业数据的提取和界定是从 1992 年以后的 1996 年的"九五"时期开始。鉴于西藏自治区的经济发展不具有很强的代表性，本书的地方样本不包括西藏自治区。本书使用"九五"至"十二五"时期中央和中国大陆除西藏以外的 30 个省（自治区、直辖市）的国民经济和社会发展五年规划（计划）提取并界定了中央和地方的重点产业。

　　本书对于重点产业的具体提取和界定过程，借鉴吴意云和朱希伟（2015）。将五年规划（计划）中"产业结构调整"相关内容中涉及"支柱产

---

　　① 国民经济和社会发展五年规划（计划）在"十一五"以前被称为"五年"计划，从"十一五"开始被称为"五年"规划。

　　② 参见第四章中的图 4-1。

业""优势产业""新兴产业""大力发展""重点培育""积极发展""重点发展"的产业和产品提取出来，对应到国民经济行业分类（GB/T 4754-2002）的二位码上。这其中多数行业可以直接根据国民经济行业分类（GB/T 4754-2002）对应相应行业代码，而少数行业涉及的范围比较大，如"装备制造业"，本书会根据行业后面涉及的具体产品，或者参考相应的工业发展五年规划（计划）中提到的具体产品进行对应，不过，这部分占样本的比例很小。对于产品的对应，本书使用国家统计局颁布的《统计用产品分类目录》、《高技术产业统计分类目录》和《战略性新兴产业分类（2012）》（试行）等统计分类目录，将产品对应到相应的国民经济行业分类代码上。表 3-1 是"九五"至"十二五"时期中央重点产业的提取和界定过程。

表 3-1 "九五"至"十二五"时期中央重点产业的提取和界定过程

时期	中央的重点产业政策	涉的行业、产品或领域等	国民经济行业分类	行业代码（GB/T 4754-2002）
"九五"时期（1996~2000年）	振兴机械工业	基础机械和机械基础件	通用设备制造业	35
		成套设备	专用设备制造业	36
		火电、水电成套设备	电气机械及器材制造业	39
	振兴汽车工业	汽车工业	交通运输设备制造业	37
	振兴电子工业	电子工业	通信设备、计算机及其他电子设备制造业	40
	振兴石油化工	炼油	石油加工、炼焦及核燃料加工业	25
		三大合成材料	化学原料及化学制品制造业	26
	振兴建筑业	—	—	—
"十五"时期（2001~2005年）	发展高技术产业	高速宽带信息网	通信设备、计算机及其他电子设备制造业	40
		深亚微米集成电路	通信设备、计算机及其他电子设备制造业	40
		生物技术工程	医药制造业	27
		现代中药	医药制造业	27
		新型涡扇喷气支线客机	交通运输设备制造业	37
		新型运载火箭	交通运输设备制造业	37

续表

时期	中央的重点产业政策	涉及的行业、产品或领域等	国民经济行业分类	行业代码（GB/T 4754-2002）
"十一五"时期（2006~2010年）	加快发展高技术产业	电子信息制造业	通信设备、计算机及其他电子设备制造业	40
		生物产业	医药制造业	27
		航空航天产业	交通运输设备制造业	37
		新材料产业	—	—
	振兴装备制造业	重大技术装备	通用设备制造	35
			专用设备制造	36
			电气机械及器材制造业	39
		汽车工业	交通运输设备制造业	37
		船舶工业	交通运输设备制造业	37
"十二五"时期（2011~2015年）	培育战略性新兴产业	节能环保产业	专用设备制造	36
		新一代信息技术	通信设备、计算机及其他电子设备制造业	40
		生物产业	医药制造业	27
		高端装备制造业	通用设备制造	35
			仪器仪表及文化、办公用机械制造业	41
		新能源	电气机械及器材制造业	39
		新材料	—	—
		新能源汽车	交通运输设备制造业	37

注：①因为建筑业不属于制造业，所以不属于本书的研究范围。②因为新材料行业涉及的范围太广，所以无法与国民经济行业分类协调对应。

本书收集整理的1989~2017年的中央产业政策数据和"九五"至"十二五"时期中央和地方的重点产业数据，应该是目前关于中国产业政策最全的数据，这也是本书的一个贡献所在。目前很少有文献对中央产业政策的数据进行比较全面的收集整理，只有为数不多的文献使用中央和省级的五年规划（计划）界定了中央和地方的重点产业，但是，这些文献几乎都是集中在两个或三个五年规划（计划）这样一个比较短的时间维度内。江飞涛和李晓萍

（2018）只梳理了中央产业政策演进的历史脉络，并没有进一步分析中央产业政策数据存在的特征规律以及界定中央和地方的重点产业。陈冬华等（2010）只使用"八五"至"十一五"时期中央的五年规划（计划）界定出中央的重点产业，而没有界定地方的重点产业。虽然，宋凌云和王贤彬（2013）、吴意云和朱希伟（2015）、张莉等（2017）使用中央和省级的五年规划（计划）界定了中央和地方的重点产业，但是，宋凌云和王贤彬（2013）只界定"九五"至"十一五"三个五年规划（计划）时期的中央和地方的重点产业，吴意云和朱希伟（2015）、张莉等（2017）分别只界定"十五"至"十一五"、"十一五"至"十二五"两个五年规划（计划）时期的中央和地方的重点产业。韩永辉等（2017）使用产业政策的法律法规来度量产业政策，这样的度量一方面在文献中很少见，而且据我们调研所了解，中国产业政策通常以政策文件和五年规划（计划）的形式出现，这两种政策文本也是实践中执行产业政策的主要依据。

政府将重点产业写入政策文件后，在实际执行中，通常会给予财政、金融等相应的资源扶持，所以，除了政策文本，扶持资源也是产业政策的另外一种度量，这种度量也是现有文献对产业政策一种比较普遍的度量。这个数据可以从现有的微观企业数据库中获得，从现有的微观企业数据库中可以获取企业的补贴数据，并通过相应财务指标识别出信贷支持和税收优惠（Aghion et al.，2015）。在这些资源扶持方式中本书选取补贴来度量产业政策。一方面是因为在这些扶持方式中，补贴应该是政府最主要的扶持手段，重点产业中的企业往往能够获得高达上亿元的补贴，这个信息在中国工业企业数据库和上市公司数据库中以及上市公司的年报中都可以获得。此外，根据会计准则，企业在税收优惠中获得的税收返还和贷款扶持中获得的贴息收入是计入补贴收入这个科目，所以，企业的补贴收入能够很大程度上反映政府的产业扶持。另一方面是因为在微观企业数据库中识别出的税收优惠和信贷优惠存在比较大的误差，这不仅是由于企业的税收返还和贴息收入是计入补贴收入这个科目，而且，微观企业数据库中一些财务指标的缺失，也使识别出的税收优惠和信贷优惠往往存在比较大的误差。现有文献在使用扶持资源度量产业政策时更多的也是使用补贴，对于税收优惠和信贷优惠则使用比较少，这两个指标有时会用于定性地度量企业是否获得了扶持（Aghion et al.，2015），而不适用于定量研究，以及在行业层面度量产业扶持。鉴于中国工业企业数据库的样本更具代表性，本书使用扶持资源度量产业政策时使用了中国工业企业数据库的补贴指标。

对产业政策使用不同的度量方法一方面可以检验结论的稳健性，另一方面也是研究问题的需要。五年规划（计划）在期初公布了重点产业后，重点产业在这五年内是不发生变化的，所以，政策文本可以研究政策的逐年效果和长期效果。而扶持资源是逐年发放的，适用于研究政策的短期效果。所以，本书从比较优势角度研究地方产业政策成功实施的条件时，使用了补贴和政策文本两种度量方法分别研究政策的短期效果和逐年效果及长期效果。

二、比较优势数据

本书的核心被解释变量——比较优势数据主要使用中国国家统计局统计调查的中国大陆地区全部国有及规模以上非国有工业企业数据库（以下简称中国工业企业数据库）计算获得。这个数据库所具有的代表性样本和丰富的统计信息是本书另外一个重要的数据来源，不仅本书的核心被解释变量的数据来源于这个数据库，而且这个数据库中的企业补贴数据也是本书对产业政策的另外一种度量，另外，本书在从制度角度解释产业政策效果的区域差异时，非国有经济占比这个制度度量指标的计算也使用了这个数据库，在检验违背比较优势的产业政策效果时，僵尸企业数据也来自这个数据库。

这个数据库从1998年开始采集数据，其样本企业包括全部国有工业企业和规模以上非国有工业企业。统计范围包括国民经济行业分类大类中的采掘业，制造业，电力、燃气及水的生产和供应业，包含了样本企业的基本信息、生产销售信息和财务信息等100多个统计指标。在2012年国家统计局实行联网直报之前，其基础数据来自样本企业提交给当地统计局的月报、季报和年报汇总，然后由地方统计局逐级上报给国家统计局，2012年以后，由样本企业通过联网直报系统直接将数据报给国家统计局。不仅因为这个数据库主要是一个针对制造业的统计调查数据库，更重要的是这个数据库的样本企业覆盖范围广、具有很强的代表性，包含丰富的统计信息，使这个数据库不仅可以用于研究微观企业，也可以加总到宏观层面研究问题，一些在现有统计资料中无法获得的宏观统计数据，便可以使用这个数据库加总获得，这是本书选择使用这个数据库的重要原因。本书计算核心被解释变量显性比较优势和潜在比较优势所需的地区_行业（GB/T 4754-2002）三位码层面的产值数据，就是将中国工业企业数据库企业层面的产值数据加总获得的省_行业（GB/T 4754-2002）三位码、城市_行业（GB/T 4754-2002）三位码的产值数据。现有统计资料对于地区_行业层面的产值数据只统计到了二位码行业，从现有统计资料中无法获得地区_行业（GB/T 4754-2002）三位码的产值数据，因此，本书使用中国工业企业数据库计算核心被解释变量——潜在比较优势和显性比较优势指标。另外，中国工业企业数据库中有企业补贴收入的统计数据，这就获得了产业政策的另外一种度量方式，本书在第四章研究中国地方产业政策成功实施的条件时，使用补贴数据作为产业政策的另外一种度量研究了政策的短期效果。在进一步研究产业政策效果的区域差异时，本书利用中国工业企业数据库中对企业所有制性质的划分，计算了城市的非国有经济占比，作为制度的一种度量。

然而，中国工业企业数据库在统计中存在的漏报、错报以及由于时间跨度大而存在的统计口径不一致等问题，都需要我们在使用这个数据库之前，进行相应的整理。本书同样如此，因为1998年有吉林等三个省份的统计数据缺失，所以本书使用1999~2013年中国工业企业数据库，其中，由于2010年的数据可能失真，本书没有使用2010年的数据。本书根据研究需要主要对数据库做如下整理：首先，本书借鉴Brandt等（2012）、杨汝岱（2015），根据企业的法人代码、企业名称、企业法人代表姓名、企业地址、企业成立的年份和电话号码依次序贯识别出同一个企业，将数据匹配成面板数据。其次，对数据库中的国民经济行业分类代码和行政区划代码的统计口径进行统一。在数据库的样本期内，国民经济行业分类标准的统计口径分别在2002年和2011年发生过两次变动，2003年以前国民经济行业分类使用的是GB/T

4754-1994 标准，2003~2011 年使用的是 GB/T 4754-2002 标准，2012 年开始使用 GB/T 4754-2011 标准，本书将 GB/T 4754-1994 标准和 GB/T 4754-2011 标准与 GB/T 4754-2002 标准协调对应，将国民经济行业分类统一协调对应到 GB/T 4754-2002 标准。因为本书研究的产业政策是制造业的产业政策，所以只保留了中国工业企业数据库中制造业的统计样本，也就是国民经济行业分类（GB/T 4754-2002）中，二位码 13~43 的行业。由于我国的行政区划每年都会发生调整，这需要对数据库中的行政区划代码进行协调对应。比较大范围的行政区划调整主要发生在 2003 年以前，这其中影响本书研究的主要是"撤地区设市"。"撤地区设市"后这些市级行政单位的行政区划代码发生了变动，本书将调整前后的行政区划代码进行协调对应，统一使用调整后的行政区划代码。此外，在"撤地区设市"过程中少数市级行政区划发生了变动，会有部分区域的划入或划出，这导致加总到城市层面的指标前后不具有可比性，所以，本书对这部分样本删除了行政区划调整前的样本，只保留了行政区划调整后的样本。2003 年以后行政区划调整主要是县级层面的调整，是城市内部不同县之间少数行政区划的划入或划出，这对于本书使用加总到城市或省份的指标不会产生太大影响，所以，本书主要对 2003 年之前的行政区划调整进行了整理。最后，本书借鉴谢千里等（2008）、Cai 和 Liu（2009）、聂辉华等（2012）、钟宁桦等（2016）对工业总产值、产品销售收入、补贴收入、从业人员、总资产、实收资本这些本书使用的核心指标的异常值、缺失值以及一些不符合会计准则的样本进行了清理。本书首先剔除工业总产值、产品销售收入、从业人员、补贴收入、总资产、总负债、固定资产净值年平均余额、利润总额、应交所得税、实收资本这些主要变量存在缺失的样本；然后剔除工业总产值、补贴收入、总资产、总负债小于 0，实收资本小于等于 0，从业人员小于 8，1999~2011 年产品销售收入小于 500 万元，2012 年、2013 年产品销售收入小于 2000 万元①这些存在异常的样本；最后剔除总资产小于

① "规模以上"的标准，2011 年以前是企业每年的主营业务收入在 500 万元及以上，自 2011 年起变为 2000 万元及以上。

固定资产，总资产小于流动资产，总资产小于固定资产净值年平均余额，累计折旧小于本年折旧，总负债小于长期负债，总负债+所有者权益 ≠ 总资产，总资产小于应收账款净额，国有资本金+集体资本金+法人资本金+个人资本金+港澳台资本金+外商资本金 ≠ 实收资本，这些不符合会计准则的样本。

三、其他数据

本书的核心被解释变量以及一些其他变量的计算还使用到一些其他数据来源。具体是：本书计算潜在比较优势指标使用的产品相似度数据来源于Poncet 和 De Waldemar（2015），他们使用 BACI 数据库中 1997 年 239 个国家的贸易数据，在 HS6 位码上计算了 5016 种商品的相似度；本书在第四章研究地方政府不顾及本辖区的潜在比较优势跟随中央重点产业的动机时，使用的开发区数据和省级官员数据分别来自《中国开发区审核公告目录》（2018年版）和中山大学岭南学院的地方官员数据库；本书在第五章从制度角度研究产业政策效果的区域差异产生的原因时，使用的制度数据来自樊纲等（2010）、唐天伟（2009）、历年《中国城市统计年鉴》、历年《中国劳动统计年鉴》、中国工业企业数据库；本书在第五章检验违背比较优势的产业政策的效果时，计算的僵尸企业数据来自中国工业企业数据库。具体指标和相应的数据来源如表 3-2 所示。

表 3-2 其他度量指标和数据来源

度量	指标	数据来源
产品间接近程度	产品相似度	Poncet 和 De Waldemar（2015）
制度（市场化程度）	市场化指数	《中国市场化指数——各地区市场化相对进程 2009 年报告》
	城市非国有经济占比	中国工业企业数据库
	城市 FDI 占 GDP 比重	《中国城市统计年鉴》

度量	指标	数据来源
制度（政府效率）	政府效率指标	《政府效率测度》
	各省份非政党机关社会团体从业人员占城镇从业人员的比重	《中国劳动统计年鉴》
扶持资源	国家级开发区个数	《中国开发区审核公告目录》（2018 年版）
	省级开发区个数	
官员（省长和省委书记）晋升激励	年龄	中山大学岭南学院地方官员数据库
	任期	
官员（省长和省委书记）个人特征	官员的来源	
僵尸企业	是否僵尸企业	中国工业企业数据库
	行业的僵尸企业占比	
	行业的僵尸企业个数	

接下来，本书将详细介绍核心解释变量——产业政策、核心被解释变量——比较优势的具体计算过程。

第二节　实证指标

一、产业政策指标

本书对产业政策使用了如公式（3-1）所示的政策文本和如公式（3-2）所示的资源扶持力度两种度量方式。公式中，下标 i 代表行业，表示国民经济行业分类（GB/T 4754-2002）三位码行业，f 表示企业，p 表示省份，c 表示城市，t 表示年份。如公式（3-1）所示，X_{ipt} 表示 t 年 i 行业在 p 省，是否是重点产业，是重点产业 X_{ipt} 赋值为 1，否则，赋值为 0。另一种度量方式如公式（3-2）所示，使用中国工业企业数据库中的补贴数据，将 c 城市 t 年 i

行业的企业补贴加总到城市_行业层面，度量政府对行业的扶持力度。

$$X_{ipt} = \begin{cases} 1 & if \quad X_{ipt} = 重点产业 \\ 0 & if \quad X_{ipt} \neq 重点产业 \end{cases} \tag{3-1}$$

$$X_{ict} = \sum x_{icft} \tag{3-2}$$

二、比较优势指标

本书根据研究需要对核心被解释变量——比较优势区分了显性比较优势和潜在比较优势。显性比较优势从结果角度度量比较优势，也是产业竞争力的一种度量，往往用于判断产业政策是否取得成功，在本书中也被用于判断地方产业政策是否成功。潜在比较优势作为对相对成本的直接度量，往往用于在事前判断产业政策是否遵循比较优势，以及作为产业政策成功或失败的条件用于研究，本书在研究地方产业政策是否遵循辖区的比较优势和从比较优势角度研究地方产业政策成功实施的条件时，使用的比较优势是潜在比较优势。

对于显性比较优势的度量，本书使用 Balassa（1965）构建的显性比较优势指标（RCA）。显性比较优势（RCA）的计算需要分两步：首先需要计算区位商 LQ_{ipt} 指标，如公式（3-3）所示，$output_{ipt}$ 表示 t 年 p 省 i 行业的产出，LQ_{ipt} 度量了 t 年 i 行业在 p 省的产出份额与 i 行业占全国总产出份额的比值，产出的度量如公式（3-7）至公式（3-10）所示，使用 1999~2013 年的中国工业企业数据库将企业的产出数据加总获得。其次，使用区位商指标就可以计算显性比较优势指标，显性比较优势（RCA）如公式（3-4）所示，若区位商 LQ_{ipt} 大于 1，表示 t 年 i 行业在 p 省有比较优势，此时，RCA_{ipt} 取值为 1，否则表示 t 年 i 行业在 p 省没有比较优势，RCA_{ipt} 取值为 0。公式（3-5）和公式（3-6）计算了产业在城市层面的区位商和显性比较优势。区位商指标本质上反映了产业的集聚程度，当某个产业在该地区集聚到一定程度，即在该地区的产值占比超过这个产业在全国的产值占比时，就说明这个产业在这个地区有显性比较优势。

$$LQ_{ipt} = \frac{output_{ipt} / output_{pt}}{output_{it} / output_t} \qquad (3-3)$$

$$RCA_{ipt} = \begin{cases} 1, & if \ LQ_{ipt} \geqslant 1 \\ 0, & if \ LQ_{ipt} < 1 \end{cases} \qquad (3-4)$$

$$LQ_{ict} = \frac{output_{ict} / output_{ct}}{output_{it} / output_t} \qquad (3-5)$$

$$RCA_{ict} = \begin{cases} 1, & if \ LQ_{ict} \geqslant 1 \\ 0, & if \ LQ_{ict} < 1 \end{cases} \qquad (3-6)$$

$$output_{ipt} = \sum output_{ipft} \qquad (3-7)$$

$$output_{pt} = \sum output_{pft} \qquad (3-8)$$

$$output_{it} = \sum output_{ift} \qquad (3-9)$$

$$output_t = \sum output_{ft} \qquad (3-10)$$

显性比较优势从结果角度度量比较优势，在实际操作中更具可行性，也是研究中对比较优势的一种常用度量。但是这个指标不能在事前判断出该地区的资源禀赋是否适合该产业的发展，所以通常不能用于事前判断政府的产业政策是否遵循辖区的比较优势。加之显性比较优势的结果可能是由政策扭曲造成的，所以，显性比较优势很多时候不能真实地反映相对成本。因此，本书在研究地方政府的产业政策是否遵循辖区的比较优势和从比较优势角度研究地方产业政策成功实施的条件时，就需要使用直接度量相对成本的潜在比较优势指标度量比较优势。

本书对潜在比较优势的度量借鉴 Chen 等（2017）使用 Hidalgo 等（2007）构建的 density 指标，density 指标的计算同样需要两步。首先，如公式（3-11）所示，需要计算任意两种产品的相似度（$\varphi_{m,n}$），其中，m、n 表示 HS6 位码上的任意两种产品。该变量取值在 0 到 1 之间，衡量了在一种产品有显性比较优势前提下另一种产品有显性比较优势的概率，这个数值越高，就表示这两种产品在生产中所需的要素投入、市场规模等要素越相似。例如，如果在生产计算机（n）上有比较优势的国家，往往在生产手机（m）上也有

比较优势，$Prob\,(RCAx_m\,|\,RCAx_n)$ 的取值会较大，两种产品的相似度（$\varphi_{m,n}$）较高，说明手机和计算机的生产需要类似的要素禀赋。公式（3-11）中取最小值是为了避免出现极端情况。例如，全世界只有中国出口月饼（n），并且中国在出口计算机（m）上也有比较优势，此时 $Prob\,(RCAx_m\,|\,RCAx_n)$ 取值为1，但月饼和计算机在生产上并没有任何相似的地方，而 $Prob\,(RCAx_n\,|\,RCAx_m)$ 的取值则较小，取两者的最小值就可以避免这种极端情况对相似度指标的误导。

$$\varphi_{m,n}=\min\{Prob(RCAx_m\,|\,RCAx_n),\ Prob(RCAx_n\,|\,RCAx_m)\} \tag{3-11}$$

其次，Poncet 和 De Waldemar（2015）使用 BACI 数据库中 1997 年 239 个国家的贸易数据，在 HS6 位码上计算了 5016 种商品的相似度。与 Chen 等（2017）的做法相同，我们将 HS6 位码上的产品加总到国民经济行业分类（GB/T4754-2002）三位码上，再计算如公式（3-12）所示的国民经济行业分类三位码上两两行业间的相似度（$\varphi_{i,j}$），然后，通过公式（3-13）计算行业 i 在 p 省的潜在比较优势。

$$\varphi_{i,j}=\min\{p(RCAx_i\,|\,RCAx_j),\ p(RCAx_j\,|\,RCAx_i)\} \tag{3-12}$$

$$density_{ipt}=\frac{\sum_{RCA_{jpt}=1,\ i\neq j}\varphi_{ij}}{\sum_{i\neq j}\varphi_{ij}} \tag{3-13}$$

$density_{ipt}$ 的分母是 t 年 i 行业与 p 省里除自己以外的所有行业的相似度之和，分子则仅是 p 省 t 年里具有显性优势的行业与 i 行业的相似度之和，$density_{ipt}$ 测度了一个行业与该省份有比较优势行业的相似程度，数值越大说明 p 省的要素禀赋和市场规模等要素越有利于 i 行业的发展，因而 p 省越具有发展 i 行业的潜在比较优势。一个城市发展一个行业的潜在比较优势 $density_{ict}$ 的计算同理，如公式（3-14）所示，分母是 t 年 i 行业与 c 城市里除自己以外的所有行业的相似度之和，分子是 t 年 c 城市具有显性比较优势的行业与 i 行业的相似度之和。

$$density_{ict}=\frac{\sum_{RCA_{jct}=1,\ i\neq j}\varphi_{ij}}{\sum_{i\neq j}\varphi_{ij}} \tag{3-14}$$

据本书所知，目前应该只有 Chen 等（2017）、Zhu 等（2017）使用这个指标度量潜在比较优势用于研究中国问题。但是，Zhu 等（2017）使用国内地区间的贸易数据计算产品间的相似度，而本书借鉴 Chen 等（2017）使用历史上的国际贸易数据计算产品间的相似度，在计算 *density* 指标时能较好地克服使用一国内部贸易数据带来的内生性，尽可能地避免国内政策扭曲对结果的影响。

本章小结

数据的收集整理工作和指标的构建工作是本书的一个重要贡献。产业政策数据，一部分来自本书对中央于 1989 年第一部产业政策颁布以来至 2017 年出台的产业政策的收集整理，另一部分中央和地方的重点产业数据来自本书对"九五"至"十二五"时期中央和相应省份国民经济和社会发展五年规划（计划）的提取界定。比较优势数据主要来自 1999~2013 年的中国工业企业数据库。其他一些数据来自历年《中国城市统计年鉴》、《中国劳动统计年鉴》和唐天伟（2009）等各类统计年鉴和学者或研究机构收集整理的数据库。对于产业政策本书选取文本和扶持资源两种度量方式。潜在比较优势的难度量一直是制约对相应问题进行实证研究的难点，本书借鉴 Chen 等（2017）选取 *Science* 上 Hidalgo 等（2007）构建的 *density* 指标度量潜在比较优势。本章对数据的收集整理工作和指标的具体计算过程进行了详细介绍。

数据和指标方面存在的困难是制约本书开展研究的重要因素。本书一步步克服这些困难，不仅收集整理了大量丰富的数据和构建了丰富的度量指标进行实证研究，对本书的研究问题给出了扎实的经验证据，而且一些工作也构成了本书的重要贡献。本书收集整理的产业政策数据应该是目前关于中国产业政策最全的数据，本书选取的潜在比较优势度量指标应该是目前关于潜在比较优势的一个更全面、客观的度量。

第四章　比较优势与中央、地方的产业政策

第一节　引言

在中国，中央及地方政府广泛实施产业政策，围绕产业政策的争论始终没有停止过，其中最具代表性的便是北京大学的林毅夫与张维迎关于是否要有产业政策的争论①。学术界也借助对各类产业政策的评估为我们认识产业政策的效果提供了相关证据。然而，对于改革开放以来中国产业政策本身存在的特征规律的研究却较为欠缺。

具体而言，因为中国的产业政策需要区分中央与地方两个层面，并且中央的产业政策往往成为地方政策制定的参考或依据，所以我们首先需要知道中央出台了哪些产业政策及其规律，接下来再进一步分析地方的产业政策与中央产业政策有着怎样的关系。特别地，地方政府制定的产业政策是否因地制宜地遵循了本辖区的比较优势？如果地方政府制定的产业政策偏离了本辖

---

① 2016年11月9日，林毅夫和张维迎围绕是否需要产业政策展开了面对面的激烈辩论，其影响也超出学术界，引起政府部门、企业、媒体等各方关注。

区的比较优势，可能的动机是什么？中国的大国特征和制度背景以及区域协调发展的客观规律决定了中国产业政策中存在的这些特征规律是研究中国产业政策的基础问题和重要问题。

目前有关产业政策的研究，主要集中于回答特定政策效果，然而对于本章所提出的关于中央与地方产业政策本身有怎样的特征规律，几乎没有文献基于微观数据做出过完整的回答。现有评估中国产业政策的文献，有的直接使用企业层面的补贴来定义产业政策（陆国庆等，2014；Aghion et al.，2015；周亚虹等，2015；张杰等，2015），这就无法对产业政策进行中央与地方的区分；也有研究直接用中央的产业政策代替地方的产业政策（陈冬华等，2010；陆正飞和韩非池，2013；黎文靖和李耀淘，2014；余明桂等，2016；王克敏等，2017），这种做法的不妥之处在于无视地方产业政策与中央产业政策的差异性，地方与中央所选择的产业只会有部分的重叠。例如，在为数不多的几项研究中，宋凌云和王贤彬（2013）、吴意云和朱希伟（2015）以及张莉等（2017）都区分了地方产业政策与中央产业政策，指出了两者的差异。但是，地方产业政策与中央产业政策的这种差异，在地区间有哪些不同，在时间上又表现出怎样的变化规律？地方政府在制定产业政策时，是否遵循自己的比较优势？如果地方在产业政策选择上越来越紧跟中央，那么这背后可能的动机又是什么？这些都需要进一步提供经验证据。

以下研究与本章密切相关。宋凌云和王贤彬（2013）认为地方政府对本地有信息优势，在 GDP 最大化激励下，能够选出符合本地比较优势的产业。本书部分地支持这一观点，我们发现，只有当地方不受中央影响，在中央所扶持的产业之外选择自己的产业政策时，更倾向于遵循本地比较优势。然而，正如吴意云和朱希伟（2015）、张莉等（2017）利用两个五年规划的信息所发现的，地方产业政策与中央产业政策越来越接近。本章用更长时间跨度内的信息进一步证实了这一点，并且发现这种变化导致地方在产业政策制定上越来越偏离自身的比较优势。在吴意云和朱希伟（2015）、张莉等（2017）的研究中，并没有检验地方产业政策对比较优势的偏离，也没有尝试解释地方产业政策紧跟中央的可能原因。熊瑞祥和王慷慨（2017）从地方政府官员晋升激励的角度对地方产业政策因跟随中央而偏离自身比较优势的现象提供了经验依据，但这一解释无法说明这种跟随现象在时间维度上的变化。与他们的研究不同，本章的解释是，地方为了获取更多来自中央的政策资源而在产业政策选择上越来越接近中央，本章通过国家级开发区的获批证实了这一点。这一解释与我们看到的地方产业政策越来越接近中央这一现象在时间上的趋势一致。

对中国产业政策进行中央与地方的区分，并进一步研究地方政府扶持的产业是否遵循比较优势以及这一现象背后的动机，是中国产业政策领域的重要研究问题，对这些问题的研究不仅有助于我们更科学地认识、研究和实施中国产业政策，而且对政府制定产业政策的行为动机的研究也具有贡献。随着国内外越来越关注如何有效实施产业政策，政府制定产业政策的行为动机成为越来越重要的研究问题（Robinson，2009），但是，目前这方面的理论研究和经验研究都比较欠缺，据本书所知，只有Robinson（2009）通过案例分析来说明政府制定产业政策的行为动机对产业政策效果的影响。本章从比较优势角度对地方政府制定产业政策的行为动机的研究将为这支文献提供补充，同时对中国地方政府行为的研究也有贡献。随着经济上逐渐发挥地方积极性，地方政府逐渐掌握了推动辖区经济发展的重要资源和自主权，成为推动中国经济发展的重要力量（周黎安，2008）。但是，经济上充分发挥地方积极性、政治上坚持党中央集中统一领导下的官员晋升激励所决定的央地关系在调动地方政府积极性的同时，也对地方政府行为产生了一定扭曲（王永钦等，2006，2007）。现有文献多从财政收支、公共品供给、税收、土地等角度研究（陈抗等，2012；傅勇和张晏，2007；张晏，2007；傅勇，2010；张莉等，2011）。分权改革以来，地方政府掌握的一个影响经济发展的重要资源就是产业政策，但是，很少有文献从产业政策角度对现有央地关系下的地方政府行为进行研究，本书从中央产业政策与地方产业政策的关系和地方产业政策是否遵循辖区比较优势这个新的视角，为这支文献提供了补充。

本章具体安排如下：第二节是理论分析；第三节在对中央产业政策文本分类梳理的基础上研究了中央产业政策的类型和特征规律，并进一步研究了

"九五"至"十二五"时期中央圈定了哪些重点产业、符合哪些地区的比较优势；第四节以省级政府的重点产业为对象，研究了中央重点产业与地方重点产业存在怎样的关系，以及地方的重点产业是否遵循辖区的潜在比较优势，并通过开发区研究了地方重点产业违背辖区潜在比较优势跟随中央重点产业的可能动机；最后是本章小结，在总结本章研究发现的基础上，提出了本章的研究所引发的两个思考。

第二节　理论分析

在中国，产业政策既是中央调控经济的重要工具，也是地方政府推动辖区经济发展和进行地区间竞争的重要工具，在现有经济上充分发挥地方积极性、政治上坚持党中央集中统一领导的制度背景下，中央产业政策往往成为地方政府制定产业政策的重要依据，因此，中央出台了哪些产业政策、存在怎样的特征规律，中央产业政策与地方产业政策存在怎样的关系就成为重要的研究问题。中国是于 20 世纪 80 年代在学习日本经验基础上引入的产业政策，产业政策在引入之后就成为中央调控经济的重要政策工具，中央密集出台了几乎涉及国民经济各个领域的产业政策。在中国这样一个人口和地域的大国，除了中华人民共和国成立初期实行了高度集中的计划经济管理体制，历史上多数时期实行的都是功能结构相似的多层级、多地区的政府间组织结构，进行行政的逐级发包和属地化管理（周黎安，2008）。在中国产业政策实施的初期，计划经济还在国民经济中占有一定比例，中央产业政策主要以行政命令的方式发包给地方政府实施，中央产业政策和地方产业政策几乎没有显著差异。但是，伴随着经济上充分发挥地方积极性和市场化改革，中央产业政策以行政命令方式为主变为以财政、金融等间接调控为主（蔡昉和林毅夫，2003；江飞涛和李晓萍，2018），更多地具有一种指导性，让地方政府根据本地区的比较优势有选择地实施。与此同时，中央逐渐改变对地方一统到底的管理模式，将地方的投资审批权、信贷权等大量涉及地方事务的权力逐渐下放给地方政府，地方政府逐渐掌握了管理本辖区经济和社会事务的自主权和影响辖区经济发展的重要资源（周黎安，2008），成为影响中国经济发展的重要力量，地方政府开始面临着推动辖区经济发展实现辖区财政收入最大化的目标。与经济上充分发挥地方积极性相伴随的是政治上坚持党中央集中统一领导，虽然地方政府掌握了管理本辖区事务的自主权和资源，但是中央掌握着地方官员的任免，改革开放以来中央对地方官员的任免比较看重其辖区的经济增长率，对官员的任免比较注重基于 GDP 的相对绩效考核（Li and Zhou，2005；周黎安等，2005）。所以，地方官员不仅要推动辖区经济发展实现财政收入最大化，还要比其他辖区实现更高的经济增长率，提升在地区竞争中的排名从而提高晋升的概率。在实现辖区财政收入最大化和 GDP 最大化的激励机制下，产业政策成为地方政府推动辖区经济发展和进行地区间竞争的重要政策工具，地方政府成为中国产业政策的实施主体。虽然中央产业政策更多的是让地方政府根据本地的比较优势有选择地实施。但是，现有经济上充分发挥地方积极性、政治上坚持党中央集中统一领导的制度背景所决定的央地关系很大程度上影响着地方政府行为，中央产业政策也很大程度地影响着地方产业政策的制定。因为中央产业政策会有一些高利税行业或是配有大量的资源支持，以及在辖区竞争中地方政府出于相互拆台的恶行竞争或者策略性赶超等意图，都使地方政府经常将中央产业政策作为制定地方产业政策的重要依据（沈立人和戴园晨，1990；银温泉和才婉茹，2001；周黎安，2004；陆铭等，2004；陆铭等，2007；吴意云和朱希伟，2015）。所以，中央出台了哪些产业政策、存在怎样的特征规律，中央产业政策与地方产业政策存在怎样的关系就成为重要的研究问题。

在地方产业政策研究中，比较优势之所以成为一个重要视角，是由区域经济协调发展的客观规律和经济上充分发挥地方积极性、政治上坚持党中央集中统一领导的制度背景决定的。中国是一个人口和地域的大国，地区间资源禀赋和发展差异非常大，在市场化条件下，地区间将按照各自的比较优势进行专业化分工协作，产业呈现区域专业化和集中分布（蔡昉和王德文，

2002；白重恩等，2004；文玫，2004；Bai et al.，2004；路江涌和陶志刚，2006）。地区间如果按照各自的比较优势参与分工，能够发挥大国的规模经济优势，有利于技术进步和制度变迁，有利于提高整个大国和本辖区的经济效率（Smith，1776；Young，1928；Yang and Borland，1991；林毅夫，2002；李力行和申广军，2015；陈钊和熊瑞祥，2015）。相反，如果地区间为了各自的利益退出分工，展开类似于国家间的竞争，就会产生地区间产业结构趋同、产能过剩和僵尸企业，损害整个大国的竞争力和本辖区的经济效率，而且这样的赶超往往很难实现（郑毓盛和李崇高，2003；林毅夫和刘培林，2003；周黎安，2004；陆铭等，2004；陆铭等，2007；陆铭和陈钊，2009；吴意云和朱希伟，2015；申广军，2016）。然而，改革开放以来，经济上充分发挥地方积极性、政治上坚持党中央集中统一领导的制度背景在激励地方政府的同时也对地方政府行为产生了一定扭曲。一方面，这种体制下实现地方财政收入最大化和GDP最大化的激励机制提供了地方政府尊重客观经济规律、维护市场的激励（Qian and Weingast，1996，1997），使地方政府有动机按照本辖区的比较优势参与地区间分工来提高辖区的经济效率。改革开放以来，中国地区间"大而全、小而全"的产业结构以及历史上形成的产业结构扭曲都得到了较大改善，产业在地区间开始呈现区域专业化和集中分布，产业结构开始向着符合辖区比较优势的方向逆转（魏后凯，2001；蔡昉和王德文，2002；白重恩等，2004；文玫，2004；Bai et al.，2004；路江涌和陶志刚，2006）。这是否有地方产业政策的作用，以及地方产业政策是否符合辖区比较优势还没有直接的经验证据。另一方面，实现辖区财政收入最大化和GDP最大化的目标也会扭曲地方政府行为，使地方政府不顾及辖区比较优势跟随中央产业政策。在价格双轨制时期，地方政府为了实现本辖区财政收入最大化，对一些"价高利大"的行业"一哄而上"而不顾及这些行业是否符合本辖区的比较优势（沈立人和戴园晨，1990；银温泉和才婉茹，2001）。同时，中央扶持的重点产业往往配有大量的资源支持，如开发区、土地，虽然这些产业可能不符合很多地方的比较优势，但是，地方政府发展这些产业就能够获批更多的国家级开发区、土地等资源，这也会导致地方政府不顾及辖区比较优势跟随中央产业政策（吴意云和朱希伟，2015）。此外，中央重点扶持的产业往往是高技术产业，这些产业通常具有很强的干中学效应和规模经济效应，虽然这些产业不符合很多落后地区的比较优势，但是一些落后地区会跟随中央产业政策，企图通过提早进入这些产业来实现对发达地区的策略性赶超，或是通过积累经验以期在未来的区域谈判中获得更高的谈判地位（陆铭等，2004；陆铭等，2007）。因此，地方产业政策与中央产业政策存在怎样的关系、地方产业政策是否遵循辖区的比较优势以及违背的动机是什么就有待相应的实证检验。

综上所述，中央出台了哪些产业政策、存在怎样的特征规律？中央产业政策与地方产业政策存在怎样的关系？地方产业政策是否遵循辖区的比较优势以及违背的动机是什么？这些问题就有待相应的实证研究，本章接下来将对这些问题进行实证研究。

第三节　中央的产业政策

一、中央产业政策的类型和规律

中央产业政策是如何产生的？20 世纪 80 年代中期，在学习日本 20 世纪五六十年代经验基础上，中国正式引入了产业政策，尤其是选择性产业政策。所谓选择性产业政策，包括产业结构政策、产品政策、产业技术政策、产业组织政策和产业国际竞争力政策（江小涓，1996），其对目标产业是哪些，目标产业要发展或淘汰限制的产品、服务和技术是哪些，在哪里发展，要鼓励或淘汰限制的产业组织形式和所要实现的国际竞争力，以及所要使用的政策工具都做了明确而具体的规定。在我国产业政策制定过程中国务院有决定权，国家发展和改革委员会（前身是国家计划委员会和国家发展计划委员会，以下简称"国家发改委"）牵头各部委负责制定具体的产业政策。20 世纪 90 年代中期以后，产业结构政策、产品政策和产业技术政策以"产业目录"的形式单独颁布，"目录"作为实际招商引资的主要依据，并且会不定期地进行修订。

中央出台了哪些类型的产业政策？1989 年我国正式颁布了第一部产业政策《国务院关于当前产业政策要点的决定》，明确了国民经济各个领域鼓励和淘汰限制的重点，此后每个时期都会出台一部针对国民经济各个领域的产业结构调整政策。针对我国经济发展过程中出现的各种问题，出于对产业结构调整政策的补充，中央又出台了各种类型的产业政策。产业结构调整政策是其他产业政策制定的依据；针对外商直接投资的产业政策明确了鼓励和限制外商在我国投资进入的领域；为了培育国民经济的支柱产业，追赶发达国家和抢占世界经济科技制高点，中央专门出台鼓励基础行业或高技术行业发展的重点产业政策；地区指向型的产业政策则主要致力于平衡区域经济发展。此外，针对产能过剩，中央出台了抑制产能过剩的产业政策；中央也会出台专门针对某类行业的产业政策，这在 2009 年应对金融危机时尤为明显。表 4-1 列出了主要的产业政策类型和对应的目录，更详细的分类梳理可参见附录。

表 4-1　中央产业政策类型及其部分对应目录

政策类型	对应目录
产业结构调整政策	《产业结构调整指导目录》
针对外商直接投资（FDI）的产业政策	《外商投资产业指导目录》
重点产业政策	《国家支持发展的重大技术装备和产品目录》
	《重大技术装备和产品进口关键零部件、原材料商品目录》
	《当前优先发展的高技术产业化重点领域指南》
	《战略性新兴产业重点产品和服务指导目录》
地区指向的产业政策	《产业转移指导目录（2012 年本）》
	《西部地区鼓励类产业目录》
抑制产能过剩的产业政策	《淘汰落后生产能力、工艺和产品的目录》
	《工商投资领域制止重复建设目录（第一批）》

中央出台的产业政策呈现出反周期的特征，这主要出现在除产业结构调整政策以外的其他类型的产业政策中。也就是说，政府会为了应对经济下滑而通过产业政策为经济增长寻找新的动力。图4-1描绘了GDP增长率和产业政策出台数量之间的关系。如图4-1所示，政府会在经济波谷时集中出台产业政策，在1999年和2009年经济处于波谷时，产业政策的出台数量处于波峰，2007年在经济处于波峰时，中央没有出台产业政策。

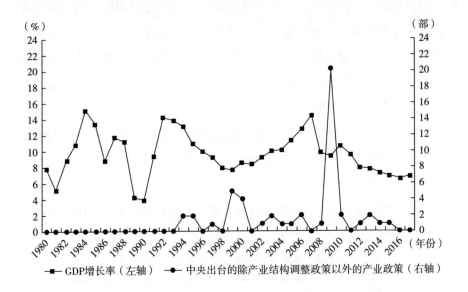

图4-1　1980~2017年中央的产业政策与GDP增长率

注：这里的产业政策数量不包含目录的修订，目录的修订与经济周期没有明显的关系。

数据来源：笔者整理。

在中央出台的这些产业政策中，与重点产业相关的政策恰恰是其中的重点。图4-2描述了1989~2017年中央各类型产业政策出台数量占比情况。如图4-2所示，在此期间重点产业政策占比最高。图4-3从时间维度描述了每个五年规划（计划）时期中央出台的各类型产业政策的数量。我们可以发现在每个五年规划（计划）时期中央都会出台重点产业政策，而且其重要性越来越突出。事实上，图4-3中针对某类行业的产业政策与重点产业政策非常接近，这样来看，重点产业政策的比重就更高了。重点产业政策是产业政策的重点，这一点在国民经济和社会发展五年规划（计划）中也得到了印证。中央和地方的产业政策除了以政策文本的形式出现外，还会将其写入国民经济和社会发展五年规划（计划）中"经济结构调整"相关内容中。在中央和省级国民经济和社会发展五年规划（计划）中，"经济结构调整"相关内容中规划重点产业发展的内容所占比重超过了 3/4，这也印证了重点产业在中央和地方产业政策中的重要性。考虑到制定不同类型产业政策的出发点略有不同，而重点产业政策最有代表性，下文专门围绕中央和地方的重点产业政策来研究产业政策本身的规律，特别是地方政府对产业政策的选择及背后动机。

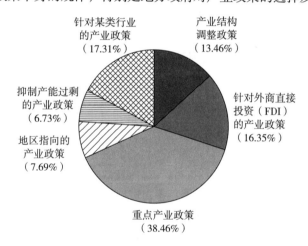

图 4-2　1989~2017 年中央各类型产业政策出台数量占比

注：这里统计的产业政策出台数量，包含目录修订。图 4-3 同。

数据来源：笔者整理。

二、中央重点产业

中央重点产业政策数据来自本书对"九五"至"十二五"时期中央国民经济和社会发展五年规划（计划）进行的梳理，具体梳理界定过程参见第三章"实证数据"这一节的产业政策数据部分。如表 4-2 所示，"九五"时期中央的重点产业是关系国计民生、对国民经济具有重大带动作用的基础行业，

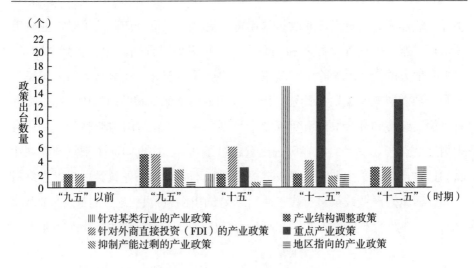

图4-3 每个五年规划（计划）时期各类型产业政策出台数量

目标是建立国民经济的支柱产业①。"十五"时期以来，中央每个五年规划（计划）中的重点产业较为接近，都是瞄准世界科技前沿的高技术行业，目标是培育新的经济增长点，抢占世界经济科技制高点②。

表4-2 "九五"至"十二五"时期中央重点产业

时期	中央的重点产业
"九五"（1996~2000 年）	机械工业
	汽车工业
	电子工业
	石油化工
"十五"（2001~2005 年）	高技术产业
"十一五"（2006~2010 年）	高技术产业
	装备制造业
"十二五"（2011~2015 年）	战略性新兴产业

---

① 参见 1994 年 4 月国务院印发的《90 年代国家产业政策纲要》。

② 参见《中共中央、国务院关于加强技术创新、发展高科技、实现产业化的决定》《让科技引领中国可持续发展》等。

三、中央重点产业符合哪些地区的比较优势

接下来，本章着重考察中央重点产业符合哪些地区的比较优势，也就是中央重点产业在哪些地区更具发展潜力。虽然文献中通常使用显性比较优势（RCA）来度量比较优势，鉴于显性比较优势（RCA）在反映地区产业的真实发展潜力中存在种种不足，本章在研究中央重点产业符合哪些地区的比较优势和地方的重点产业是否符合辖区的比较优势时，使用对相对成本直接度量的潜在比较优势来度量产业在该地区的发展潜力。本章使用 Hidalgo 等（2007）提出的 *density* 指标进行潜在比较优势的度量，指标的具体计算过程参见第三章公式（3-11）至公式（3-13）。同时，本章也对比了潜在比较优势和显性比较优势的结果，显性比较优势（RCA）指标的具体计算过程参见第三章公式（3-3）和公式（3-4）。中央和地方的重点产业使用政策文本度量，具体计算过程参见第三章公式（3-1）。

接下来，本章基于回归方程（4-1）和回归方程（4-2）检验在"十五"、"十一五"及"十二五"期初中央的重点产业在各省（自治区、直辖市）是否具有潜在比较优势。其中，$density_{ipt}$ 度量了 t 年 i 行业在 p 省的潜在比较优势，$density_{ipt}$ 数值越大表明 t 年 i 行业在 p 省越具有潜在比较优势，回归方程（4-1）中的 X_{it} 度量 t 年 i 行业是否是中央的重点产业，是重点产业则赋值为 1，否则赋值为 0；Z_p 是省份固定效应，控制省份层面不随时间变化因素的影响；η_t 是时间固定效应，控制年份层面对各地的共同冲击；ε_{ipt} 表示误差项。式中的 t 分别取值三个五年规划（计划）的期初年份，即 2001 年、2006 年和 2011 年。因此，从回归方程（4-1）检验的平均来看，与非重点产业相比，三个五年规划（计划）之初中央挑选的重点产业在地方是否具备潜在的比较优势。回归结果参见表 4-3。

$$density_{ipt} = \alpha_1 + \alpha_2 \cdot X_{it} + Z_p + \eta_t + \varepsilon_{ipt} \tag{4-1}$$

从表 4-3 第（一）栏中可以看到，从全国平均情况来看，相比于非重点产业，在每个五年规划（计划）之初中央重点产业在各地是没有潜在比较优势的。这里的重点产业系数之所以会显著为负，是因为中央所选择的重点产

表4-3　中央重点产业与潜在比较优势的关系

	（1）全国 $density_{ipt}$	（2）东部 $density_{ipt}$	（3）东部的直辖市 $density_{ipt}$
（一）	$t=2001,\ 2006,\ 2011$		
中央重点产业	-0.0050^{***} （0.0007）	0.0049^{**} （0.0010）	0.0174^{***} （0.0015）
省份固定效应	控制	控制	控制
年份固定效应	控制	控制	控制
样本量	11801	4681	1308
R^2	0.8560	0.8307	0.8850
（二）	$t=2001$		
中央重点产业	-0.0061^{***} （0.0005）	0.0009 （0.0009）	0.0108^{***} （0.0011）
省份固定效应	控制	控制	控制
样本量	3764	1500	426
R^2	0.9755	0.9544	0.9819
（三）	$t=2006$		
中央重点产业	-0.0034^{***} （0.0006）	0.0056^{***} （0.0010）	0.0187^{***} （0.0018）
省份固定效应	控制	控制	控制
样本量	4013	1597	453
R^2	0.9715	0.9556	0.9630
（四）	$t=2011$		
中央重点产业	-0.0042^{***} （0.0006）	0.0080^{***} （0.0010）	0.0224^{***} （0.0018）
省份固定效应	控制	控制	控制
样本量	4024	1584	429
R^2	0.9535	0.9212	0.9146
（五）	$density_{ipt+4}$	$density_{ipt+4}$	$density_{ipt+4}$
	$t=2001$		
中央重点产业	-0.0042^{***} （0.0006）	0.0047^{***} （0.0010）	0.0185^{***} （0.0015）
省份固定效应	控制	控制	控制
样本量	4001	1595	451
R^2	0.9742	0.9651	0.9835

注：*、**和***分别表示在10%、5%和1%水平上显著，下表同。

业往往是处在技术前沿的产业，这些产业往往集聚于少数发达地区。除了这些少数地区之外，这些产业在其他地区没有潜在比较优势。为了验证这一判断，本章将样本范围缩小到东部地区，会发现该变量系数从显著为负变成显著为正；如果将样本范围进一步缩小到东部直辖市，该变量的系数不仅仍然显著为正，而且明显更大。这恰恰说明中央确定的重点产业平均来看主要适合在东部地区发展，而且在东部越发达的地区潜在比较优势越明显。这是三个年份的平均效果，逐年的效果是否存在差异，就需要看截面上的回归结果。

接下来，本章利用方程（4-2）考察上述规律是否存在逐年的变化。与方程（4-1）不同，本章分别按 t 取值 2001 年、2006 年及 2011 年进行分样本回归，检验与非重点产业相比，每个五年规划（计划）期初中央确定的重点产业相比非重点产业当年在地方是否具备更大的潜在比较优势。

$$density_{ipt} = \beta_1 + \beta_2 \cdot X_{it} + Z_p + \varepsilon_{ipt} \tag{4-2}$$

表 4-3 中第（二）栏至第（四）栏报告了相应回归结果，可以看到面板回归结果主要是由 2006 年、2011 年样本导致的。在"十五"期初的 2001 年，中央重点产业只在东部直辖市有更大的潜在比较优势，而到 2006 年、2011 年在整个东部都变得比非重点产业有更大的潜在比较优势，东部直辖市的潜在比较优势更强。因为本章的微观企业数据正好覆盖了整个"十五"时期[1]，所以，本章也借助方程（4-3）来考察"十五"期初（2001 年）中央所确定的重点产业在经过几年发展之后到"十五"期末（2005 年）是否在地方上比非重点产业有更大的潜在比较优势。

$$density_{ipt+4} = \gamma_1 + \gamma_2 \cdot X_{it} + Z_p + \varepsilon_{ipt} \tag{4-3}$$

表 4-3 中第（五）栏报告了相应的回归结果，可以发现到"十五"期末平均来看中央的重点产业仍然不具备潜在比较优势，但是，在东部却更可能比非重点产业有更大的潜在比较优势，即核心回归系数和"十五"初期相比

---

① 虽然本章的数据也涵盖了"十一五"时期，但是，因为 2010 年的中国工业企业数据可能失真，本章没有使用 2010 年的中国工业企业数据，所以没有提供"十一五"期末即 2010 年的回归结果。

由不显著变得显著为正。如果我们将样本范围缩小到东部直辖市，可以看到在计划之初就具备比较优势的重点产业在东部直辖市的优势更为明显。

类似地，本章在表4-4中比较了上述规律在东、中、西部的差异。与非重点产业相比，中央的重点产业在中西部一直没有具备更大的潜在比较优势，但是，在东部整体上比非重点产业更可能具备潜在比较优势。按年份分组回归的结果显示，越是到每一个五年规划（计划）后期，中央规划的重点产业在东部就越具备更大的潜在比较优势。特别是对比表4-4中第（二）栏与第（五）栏的结果可以看到，"十五"计划期初（2001年）在东部并不明显具备更大潜在比较优势的中央重点产业，到该五年计划期末（2005年）已经具备了更大的潜在比较优势。但是，这种情况却没有出现在中西部地区，相应的系数大小及显著性在中西部地区均没有发生变化。

表4-4 中央重点产业在各地区的潜在比较优势

	（1）东部 $density_{ipt}$	（2）中部 $density_{ipt}$	（3）西部 $density_{ipt}$
（一）	$t = 2001, 2006, 2011$		
中央重点产业	0.0049***	−0.0138***	−0.0090***
	(0.0010)	(0.0011)	(0.0013)
省份固定效应	控制	控制	控制
年份固定效应	控制	控制	控制
样本量	4681	3418	3702
R^2	0.8307	0.8790	0.7727
（二）	$t = 2001$		
中央重点产业	0.0009	−0.0136***	−0.0080***
	(0.0009)	(0.0009)	(0.0008)
省份固定效应	控制	控制	控制
样本量	1500	1089	1175
R^2	0.9544	0.9585	0.9624
（三）	$t = 2006$		
中央重点产业	0.0056***	−0.0115***	−0.0074***
	(0.0010)	(0.0011)	(0.0009)

续表

	（1）东部 $density_{ipt}$	（2）中部 $density_{ipt}$	（3）西部 $density_{ipt}$
省份固定效应	控制	控制	控制
样本量	1597	1163	1253
R^2	0.9556	0.9538	0.9643
（四）		$t = 2011$	
中央重点产业	0.0080 ***	−0.0158 ***	−0.0090 ***
	（0.0010）	（0.0010）	（0.0009）
省份固定效应	控制	控制	控制
样本量	1584	1166	1274
R^2	0.9212	0.9693	0.9505
（五）	$density_{ipt+4}$	$density_{ipt+4}$	$density_{ipt+4}$
		$t = 2001$	
中央重点产业	0.0047 ***	−0.0133 ***	−0.0071 ***
	（0.0010）	（0.0010）	（0.0009）
省份固定效应	控制	控制	控制
样本量	1595	1151	1255
R^2	0.9651	0.9610	0.9568

然后，本章考察了显性比较优势的回归结果。同研究潜在比较优势一样，本章基于回归方程（4-4）和回归方程（4-5）检验在"十五"、"十一五"及"十二五"期初中央的重点产业在各省（自治区、直辖市）是否具备显性比较优势。RCA_{ipt} 度量了 t 年 i 行业在 p 省是否具有显性比较优势，有显性比较优势赋值为 1，没有显性比较优势则赋值为 0。与研究潜在比较优势一样，回归方程（4-4）中的 X_{it} 度量了 t 年 i 行业是否是中央的重点产业，是重点产业赋值为 1，否则赋值为 0，Z_p 表示省份固定效应，η_t 表示年份固定效应，ε_{ipt} 表示误差项。式中的 t 分别取值三个五年规划（计划）的期初年份，即 2001 年、2006 年和 2011 年。因此，回归方程（4-4）检验的是从平均来看，与非重点产业相比，三个五年规划（计划）期初中央挑选的重点产业在地方有无显性比较优势，回归结果如表 4-5 所示。

表4-5 中央重点产业与显性比较优势的关系

	（1）全国 RCA_{ipt}	（2）东部 RCA_{ipt}	（3）东部的直辖市 RCA_{ipt}
（一）	$t=2001$，2006，2011		
中央重点产业	−0.0312*** (0.0092)	0.0476*** (0.0151)	0.2025*** (0.0267)
省份固定效应	YES	YES	YES
年份固定效应	YES	YES	YES
样本量	11801	4681	1308
R^2	0.0273	0.0200	0.0611
（二）	$t=2001$		
中央重点产业	−0.0301* (0.0162)	0.0223 (0.0269)	0.1582*** (0.0479)
省份固定效应	YES	YES	YES
样本量	3764	1500	426
R^2	0.0357	0.0213	0.0480
（三）	$t=2006$		
中央重点产业	−0.0238 (0.0160)	0.0392 (0.0264)	0.1959*** (0.0459)
省份固定效应	YES	YES	YES
样本量	4013	1597	453
R^2	0.0323	0.0251	0.0663
（四）	$t=2011$		
中央重点产业	−0.0384** (0.0157)	0.0789*** (0.0255)	0.2515*** (0.0452)
省份固定效应	YES	YES	YES
样本量	4024	1584	429
R^2	0.0263	0.0208	0.0776
（五）	RCA_{ipt+4} $t=2001$	RCA_{ipt+4}	RCA_{ipt+4}
中央重点产业	−0.0411*** (0.0156)	0.0397 (0.0257)	0.2128*** (0.0449)
省份固定效应	YES	YES	YES
样本量	4001	1595	451
R^2	0.0371	0.0315	0.1003

$$RCA_{ipt} = \lambda_1 + \lambda_2 \cdot X_{it} + Z_p + \eta_t + \varepsilon_{ipt} \tag{4-4}$$

由表 4-5 第（一）栏可以看到，与潜在比较优势的结果类似，从全国平均情况来看，相比较于非重点产业，在每个五年规划（计划）期初中央重点产业在各地是没有显性比较优势的，由于中央重点产业具有较强的集聚效应，当本章将样本范围缩小到东部地区，该变量系数就从显著为负变成显著为正，如果将样本范围进一步缩小到东部直辖市，该变量的系数不仅仍然显著为正而且明显更大。这是三个年份的平均效果，逐年的效果是否存在差异，就需要看截面上的回归结果。

接下来，本章利用回归方程（4-5）考察上述规律是否存在逐年的变化。与回归方程（4-2）检验潜在比较优势的逐年变化相似，本章分别按 t 取值 2001 年、2006 年、2011 年进行分样本回归，检验与非重点产业相比，每个五年规划（计划）期初中央确定的重点产业当年在地方是否具备更大的显性比较优势。

$$RCA_{ipt} = \pi_1 + \pi_2 \cdot X_{it} + Z_p + \varepsilon_{ipt} \tag{4-5}$$

表 4-5 的第（二）栏至第（四）栏各栏报告了相应的回归结果，可以看到面板数据回归的结果是由 2011 年样本驱动的，在"十五""十一五"期初的 2001 年、2006 年中央的重点产业只在东部直辖市有显性比较优势，而到 2011 年则在东部变得有显性比较优势，在东部直辖市的显性比较优势更强。这一发现很可能反映出中央重点产业在东部动态地培育起了显性比较优势，因为"十五"时期以来中央重点产业具有很强的延续性，都是瞄准世界科技前沿的高技术产业。另外，对比表 4-3 潜在比较优势的回归结果，本章发现中央重点产业早在"十五"期末就已经在东部具有更大的潜在比较优势，但是直到"十一五"期末，中央重点产业才在东部表现出更具备显性比较优势，也就是说，与非重点产业相比，中央重点产业在东部先表现出更大的潜在比较优势，然后才表现出更具备显性比较优势，这很可能是因为潜在比较优势转化成显性比较优势需要一定时间，这一发现也是符合直觉的。与研究潜在比较优势类似，本章也借助回归方程（4-6）来考察"十五"期初（2001 年）中央所确定的重点产业在经过几年发展之后到了"十五"期末

（2005 年）是否在地方上培育出了显性比较优势。

$$RCA_{ipt+4} = \psi_1 + \psi_2 \cdot X_{it} + Z_p + \varepsilon_{ipt} \tag{4-6}$$

表 4-5 的第（五）栏报告了相应的回归结果，与潜在比较优势的结果相似，可以看到，到了"十五"期末，平均来看中央的重点产业仍然不具备显性比较优势，但是，在东部却有培育出比较优势的迹象，即核心回归系数的大小和显著性与"十五"期初相比都有所增强。如果我们将样本范围缩小到东部直辖市，可以看到计划之初就具备比较优势的重点产业在东部直辖市的比较优势更为明显。

同样地，对显性比较优势结果本章也对比了东、中、西部的差异，结果如表 4-6 所示，与非重点产业相比，五年规划（计划）期初中央所选择的重点产业当年在中西部始终不具备显性比较优势，经过"十五"时期的发展也没有出现比较优势加强的迹象，而在东部则动态培育起了显性比较优势。

表 4-6　中央重点产业在各地区的显性比较优势

	（1）东部 RCA_{ipt}	（2）中部 RCA_{ipt}	（3）西部 RCA_{ipt}
（一）	$t = 2001，2006，2011$		
中央重点产业	0.0476***	−0.0950***	−0.0716***
	（0.0151）	（0.0166）	（0.0160）
省份固定效应	YES	YES	YES
年份固定效应	YES	YES	YES
样本量	4681	3418	3702
R^2	0.0200	0.0364	0.0243
（二）	$t = 2001$		
中央重点产业	0.0223	−0.0816***	−0.0492*
	（0.0269）	（0.0291）	（0.0281）
省份固定效应	YES	YES	YES
样本量	1500	1089	1175
R^2	0.0213	0.0331	0.0309

续表

	（1）东部 RCA_{ipt}	（2）中部 RCA_{ipt}	（3）西部 RCA_{ipt}
（三）	$t = 2006$		
中央重点产业	0.0392	−0.0855***	−0.0458*
	(0.0264)	(0.0289)	(0.0277)
省份固定效应	YES	YES	YES
样本量	1597	1163	1253
R^2	0.0251	0.0337	0.0257
（四）	$t = 2011$		
中央重点产业	0.0789***	−0.1163***	−0.1143***
	(0.0255)	(0.0286)	(0.0273)
省份固定效应	YES	YES	YES
样本量	1584	1166	1274
R^2	0.0208	0.0487	0.0340
（五）	RCA_{ipt+4}	RCA_{ipt+4}	RCA_{ipt+4}
	$t = 2001$		
中央重点产业	0.0379	−0.1078***	−0.0820***
	(0.0257)	(0.0279)	(0.0272)
省份固定效应	YES	YES	YES
样本量	1595	1151	1255
R^2	0.0315	0.0409	0.0295

综上所述，对中央重点产业的研究发现，与非重点产业相比，中央重点产业在东部越来越具备更大的潜在比较优势，而在中西部地区，始终没有表现出比非重点产业更大的潜在比较优势。对显性比较优势的研究也得出一致结论。相比于非重点产业，"十五"期初中央重点产业只在东部发达地区更具备显性比较优势，但是中央重点产业在东部的显性比较优势呈现加强趋势，到"十二五"期初中央重点产业则在东部地区具备显性比较优势，而在中西部地区，中央重点产业始终没有表现出比非重点产业有更大的显性比较优势。

总之，中央重点产业在东部先后动态培育起潜在比较优势和显性比较优势，而在中西部地区始终不具备潜在比较优势和显性比较优势。这就意味着地方的产业政策不能盲目跟随中央产业政策，而是要因地制宜地遵循辖区的潜在比较优势。那么，地方政府是如何制定本辖区的产业政策？是否遵循辖区的潜在比较优势以及违背的动机又是什么？本章接下来将对这些问题进行研究。

第四节　地方的产业政策：比较优势的偏离与可能动机

一、地方重点产业与中央重点产业的关系

地方政府如何制定本辖区的重点产业政策，是否跟随了中央重点产业？既然中央所选择的重点产业在中国各个地方并不必然具备比较优势，那么，地方产业政策的一个合理做法就是不盲目紧跟中央的产业选择，而是因地制宜地选择适合本地发展的产业加以扶持。然而，在各地产业政策的实践中，地方政府却是越来越跟随中央重点产业。本章使用省级五年规划（计划），梳理出从"九五"到"十二五"时期中国大陆地区除西藏以外30个省份的地方重点产业，具体的界定过程与界定中央重点产业一样，参见第三章"实证数据"这一节的产业政策数据部分。表4-7显示了各地方的重点产业与中央重点产业重合的比例。可以看到，如果跨地区比较，东部这一比例较高；如果跨时间比较，从"九五"到"十二五"时期，地方政府越来越倾向于将中央选择的重点产业作为地方重点产业来发展，这种现象尤其明显地出现在中西部地区。根据上文对中央重点产业的分析，这样做在东部整体上仍符合地方比较优势，但在中西部很可能偏离地方比较优势。

表 4-7　地方重点产业中属于中央重点产业的比例平均值　　单位:%

地区	"九五"时期	"十五"时期	"十一五"时期	"十二五"时期
东部	0.525	0.753	0.464	0.708
中部	0.380	0.425	0.469	0.523
西部	0.327	0.385	0.416	0.472

注：表中的数据是各省份重点产业中属于中央重点产业的比例的平均。

二、地方重点产业是否遵循当地的比较优势

接下来，本章实证检验地方政府选择的重点产业是否遵循了当地的潜在比较优势。如回归方程（4-7）至回归方程（4-9）所示，$density_{ipt}$ 度量了 t 年 i 行业在 p 省的潜在比较优势，X_{ipt} 是哑变量，分为三种类型，参照组是地方的非重点产业，而地方的重点产业则进一步被分成两类，一类并非中央的重点产业（用"地方发展-中央没发展"来表示），另一类则同时也是中央所选择的重点产业（用"地方发展-中央发展"来表示），Z_p 是省份固定效应，η_t 是年份固定效应，ε_{ipt} 是误差项。方程（4-7）是面板数据的回归结果，方程（4-8）是截面数据的回归结果，方程（4-9）研究了"十五"期末（2005 年）的政策效果。

$$density_{ipt} = \theta_1 + \theta_2 \cdot X_{ipt} + Z_p + \eta_t + \varepsilon_{ipt} \qquad (4-7)$$

$$density_{ipt} = \varphi_1 + \varphi_2 \cdot X_{ipt} + Z_p + \varepsilon_{ipt} \qquad (4-8)$$

$$density_{ipt+4} = \Omega_1 + \Omega_2 \cdot X_{ipt} + Z_p + \varepsilon_{ipt} \qquad (4-9)$$

方程（4-7）、方程（4-8）的回归结果如表 4-8 所示。其中，第（1）列是方程（4-7）面板数据的回归结果，第（2）~（4）列是方程（4-8）截面数据的回归结果。如表 4-8 所示，"地方发展-中央没发展"系数显著为正，"地方发展-中央发展"系数显著为负，这就说明与地方的非重点产业相比，地方政府发展的不属于中央重点产业更具备潜在比较优势，但是地方发展的属于中央重点产业却更不具备潜在比较优势。

表4-8　地方重点产业与潜在比较优势的关系

	（1）全样本 $density_{ipt}$	（2）$t=2001$ $density_{ipt}$	（3）$t=2006$ $density_{ipt}$	（4）$t=2011$ $density_{ipt}$
地方发展-中央没发展	0.0042***	0.0071***	0.0041***	0.0078***
	（0.0009）	（0.0007）	（0.0007）	（0.0008）
地方发展-中央发展	-0.0057***	-0.0034***	-0.0025***	-0.0020***
	（0.0008）	（0.0006）	（0.0007）	（0.0007）
省份固定效应	控制	控制	控制	控制
年份固定效应	控制	—	—	—
样本量	11801	3764	4013	4024
R^2	0.8566	0.9756	0.9718	0.9546

　　本章进一步区分东部、中部、西部的样本考察地方重点产业与潜在比较优势的关系，并且特别注重"十五"期初与期末的比较，回归结果如表4-9所示。对比第（二）栏和第（五）栏的结果可以看到，在"十五"初期东部地区紧跟中央选择重点产业，即使在当时不具备潜在比较优势的产业，但经过四年发展之后，这些产业相比于非重点产业也具备了更大的潜在比较优势①。在中西部地区，不论是"十五"期初还是期末，那些不属于中央重点产业的地方重点产业最可能在当地具备潜在比较优势；而中西部地区紧跟中央所选择的重点产业，则始终不具备潜在比较优势。

表4-9　各地区地方重点产业与潜在比较优势关系

	（1）全样本 $density_{ipt}$	（2）东部 $density_{ipt}$	（3）中部 $density_{ipt}$	（4）西部 $density_{ipt}$
（一）	$t=2001，2006，2011$			
地方发展-中央没发展	0.0042***	-0.0063***	-0.0010	0.0096***
	（0.0009）	（0.0015）	（0.0013）	（0.0014）

---

　　① 在东部发展的不属于中央重点产业中，潜在比较优势较弱的行业是食品制造、纺织服装、造纸、工艺美术品这些轻纺行业以及石油化工这些重化工行业。

续表

	（1）全样本 $density_{ipt}$	（2）东部 $density_{ipt}$	（3）中部 $density_{ipt}$	（4）西部 $density_{ipt}$
地方发展-中央发展	-0.0057***	-0.0008	-0.0184***	-0.0044***
	（0.0008）	（0.0011）	（0.0012）	（0.0015）
省份固定效应	YES	YES	YES	YES
年份固定效应	YES	YES	YES	YES
样本量	11801	4681	3418	3702
R^2	0.8566	0.8305	0.8815	0.7741
（二）	$t=2001$			
地方发展-中央没发展	0.0071***	-0.0032*	0.0085***	0.0094***
	（0.0007）	（0.0017）	（0.0012）	（0.0009）
地方发展-中央发展	-0.0034***	0.0004	-0.0111***	-0.0026**
	（0.0006）	（0.0010）	（0.0012）	（0.0010）
省份固定效应	YES	YES	YES	YES
样本量	3764	1500	1089	1175
R^2	0.9756	0.9545	0.9582	0.9634
（三）	$t=2006$			
地方发展-中央没发展	0.0041***	-0.0005	0.0066***	0.0067***
	（0.0007）	（0.0012）	（0.0013）	（0.0010）
地方发展-中央发展	-0.0025***	0.0042***	-0.0089***	-0.0045***
	（0.0007）	（0.0012）	（0.0012）	（0.0010）
省份固定效应	YES	YES	YES	YES
样本量	4013	1597	1163	1253
R^2	0.9718	0.9552	0.9542	0.9649
（四）	$t=2011$			
地方发展-中央没发展	0.0078***	-0.0029*	0.0110***	0.0075***
	（0.0008）	（0.0017）	（0.0013）	（0.0011）
地方发展-中央发展	-0.0020***	0.0064***	-0.0100***	-0.0056***
	（0.0007）	（0.0011）	（0.0011）	（0.0010）
省份固定效应	YES	YES	YES	YES

续表

	（1）全样本 $density_{ipt}$	（2）东部 $density_{ipt}$	（3）中部 $density_{ipt}$	（4）西部 $density_{ipt}$
样本量	4024	1584	1166	1274
R^2	0.9546	0.9202	0.9692	0.9520
（五）	$density_{ipt+4}$	$density_{ipt+4}$	$density_{ipt+4}$	$density_{ipt+4}$
	$t=2001$			
地方发展-中央没发展	0.0075*** (0.0008)	−0.0046*** (0.0019)	0.0090*** (0.0013)	0.0100*** (0.0010)
地方发展-中央发展	−0.0012* (0.0007)	0.0046*** (0.0011)	−0.0102*** (0.0013)	−0.0023** (0.0011)
省份固定效应	YES	YES	YES	YES
样本量	4001	1595	1151	1255
R^2	0.9746	0.9652	0.9607	0.9586

与研究中央重点产业一样，对地方重点产业的研究本章也考察了显性比较优势的变化结果。RCA_{ipt} 度量 i 行业 t 年在 p 省是否具有显性比较优势，方程（4-10）是面板数据的回归结果，方程（4-11）是截面数据的回归结果，方程（4-12）研究了"十五"期末（2005年）的政策效果。

$$RCA_{ipt} = \Phi_1 + \Phi_2 \cdot X_{ipt} + Z_p + \eta_t + \varepsilon_{ipt} \qquad (4-10)$$

$$RCA_{ipt} = \xi_1 + \xi_2 \cdot X_{ipt} + Z_p + \varepsilon_{ipt} \qquad (4-11)$$

$$RCA_{ipt+4} = \pi_1 + \pi_2 \cdot X_{ipt} + Z_p + \varepsilon_{ipt} \qquad (4-12)$$

回归结果如表4-10所示，第（1）列是方程（4-10）的回归结果，第（2）~（4）列是方程（4-11）的回归结果，对比表4-8可以发现，与研究中央产业政策一样，对显性比较优势的考察得出和潜在比较优势一致的结论。"地方发展-中央没发展"的系数显著为正，"地方发展-中央发展"的系数由显著为正变得不显著，也就是从全国平均来看，与非重点产业相比，"地方发展-中央没发展"的重点产业更具备显性比较优势，而"地方发展-中央发展"的重点产业的显性比较优势则逐渐消失。

表 4-10　地方重点产业与显性比较优势的关系

	（1）全样本 RCA_{ipt}	（2）$t=2001$ RCA_{ipt}	（3）$t=2006$ RCA_{ipt}	（4）$t=2011$ RCA_{ipt}
地方发展-中央没发展	0.1035***	0.1269***	0.0966***	0.1183***
	（0.0115）	（0.0220）	（0.0191）	（0.0210）
地方发展-中央发展	0.0177*	0.0442**	0.0239	0.0107
	（0.0105）	（0.0201）	（0.0184）	（0.0174）
省份固定效应	YES	YES	YES	YES
年份固定效应	YES	—	—	—
样本量	11801	3764	4013	4024
R^2	0.0331	0.0435	0.0380	0.0330

本章进一步分区域考察地方重点产业与显性比较优势的关系。如表 4-11 所示，对比第（二）栏和第（五）栏的结果，平均来看，东部地区地方政府发展的"地方发展-中央发展"的重点产业在"十五"期初没有显性比较优势，经过"十五"时期的扶持在"十五"期末则动态培育起了显性比较优势。而中西部地区发展的不属于中央的重点产业则始终具备显性比较优势，中部地区发展的属于中央的重点产业则始终不具备显性比较优势，西部地区发展的中央重点产业的显性比较优势逐渐消失。

表 4-11　各地区地方重点产业与显性比较优势关系

	（1）全国 RCA_{ipt}	（2）东部 RCA_{ipt}	（3）中部 RCA_{ipt}	（4）西部 RCA_{ipt}
（一）	$t=2001$, 2006, 2011			
地方发展-中央没发展	0.1035***	0.0246	0.1292***	0.1311***
	（0.0115）	（0.0222）	（0.0197）	（0.0181）
地方发展-中央发展	0.0177*	0.0518***	-0.0219	0.0091
	（0.0105）	（0.0168）	（0.0192）	（0.0189）
省份固定效应	YES	YES	YES	YES
年份固定效应	YES	YES	YES	YES

续表

	（1）全国 RCA_{ipt}	（2）东部 RCA_{ipt}	（3）中部 RCA_{ipt}	（4）西部 RCA_{ipt}
样本量	11801	4681	3418	3702
R^2	0.0331	0.0200	0.0426	0.0338
（二）		$t=2001$		
地方发展–中央没发展	0.1269 ***	0.0478	0.1509 ***	0.1408 ***
	（0.0220）	（0.0509）	（0.0362）	（0.0320）
地方发展–中央发展	0.0442 **	0.0460	0.0173	0.0665 *
	（0.0201）	（0.0313）	（0.0377）	（0.0373）
省份固定效应	YES	YES	YES	YES
样本量	3764	1500	1089	1175
R^2	0.0435	0.0226	0.0423	0.0448
（三）		$t=2006$		
地方发展–中央没发展	0.0966 ***	0.0400	0.1150 ***	0.1444 ***
	（0.0191）	（0.0321）	（0.0344）	（0.0323）
地方发展–中央发展	0.0239	0.0440	−0.0215	0.0468
	（0.0184）	（0.0303）	（0.0324）	（0.0329）
省份固定效应	YES	YES	YES	YES
样本量	4013	1597	1163	1253
R^2	0.0380	0.0254	0.0389	0.0391
（四）		$t=2011$		
地方发展–中央没发展	0.1183 ***	0.0029	0.1775 ***	0.1030 ***
	（0.0210）	（0.0443）	（0.0363）	（0.0320）
地方发展–中央发展	0.0107	0.0787 ***	−0.0127	−0.0550 *
	（0.0174）	（0.0274）	（0.0327）	（0.0310）
省份固定效应	YES	YES	YES	YES
样本量	4024	1584	1166	1274
R^2	0.0330	0.0201	0.0595	0.0381
（五）	RCA_{ipt+4}	RCA_{ipt+4}	RCA_{ipt+4}	RCA_{ipt+4}
		$t=2001$		
地方发展–中央没发展	0.1621 ***	0.0364	0.1760 ***	0.1975 ***
	（0.0213）	（0.0493）	（0.0351）	（0.0310）

续表

	(1) 全国 RCA_{ipt}	(2) 东部 RCA_{ipt}	(3) 中部 RCA_{ipt}	(4) 西部 RCA_{ipt}
地方发展-中央发展	0.0482**	0.0726**	-0.0111	0.0602*
	(0.0191)	(0.0297)	(0.0358)	(0.0350)
省份固定效应	YES	YES	YES	YES
样本量	4001	1595	1151	1255
R^2	0.0494	0.0337	0.0528	0.0533

根据以上分析，中西部地区在重点产业的选择上紧跟中央的做法就会导致偏离自身的比较优势，不论是潜在比较优势结果还是显性比较优势结果都得出一致结论。如果地方政府在产业选择中偏离比较优势的行为是非理性的，那么这在动态中会得到调整，而且不应该在多个地区同时出现。在前面本书已经发现，当地方政府不紧跟中央而选择重点产业时，往往能够符合自身的比较优势，这说明这种看似不理性的行为并非地方政府在产业选择上的能力有限所致，地方政府对本辖区的潜在比较优势是具备信息优势的。那么，地方政府为什么要这么做？接下来本章尝试对此进行解释。

三、地方重点产业偏离比较优势的可能动机

本章预判地方政府这种偏离辖区比较优势的产业选择行为很可能与获得中央的政策支持有关。因为如图4-4所示，本章发现地方政府跟随中央重点产业越来越明显的"十一五""十二五"时期，恰恰是中西部地区国家级开发区获批数量迅猛增加的时期。国家级经济技术开发区和国家级高新技术产业开发区（以下简称国家级开发区①）是中央扶持重点产业发展的一种重要方式。所以，本章预判当地方发展了中央的重点产业时，地方更可能获得来

---

① 国家级开发区是国务院批准设立的开发区，根据《中国开发区审核公告目录》（2018年版），国家级开发区包括经济技术开发区、高新技术产业开发区、海关特殊监管区域、边境/跨境经济合作区、其他类型开发区。海关特殊监管区域、边境/跨境经济合作区、其他类型开发区的设立与中央的重点产业指向并没有关系，所以，本章研究中的国家级开发区仅包括经济技术开发区和高新技术产业开发区。

自中央的各种政策支持。

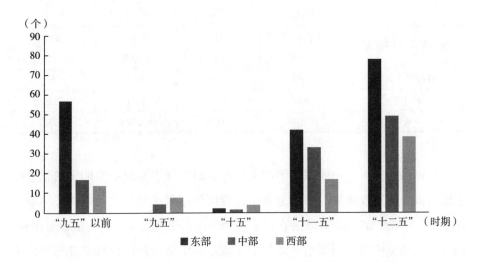

图4-4　每个五年规划（计划）时期各地区获批的国家级开发区数量

数据来源：《中国开发区审核公告目录》（2018年版）。

这种预判还需要更严格的计量检验。接下来本章以开发区为例，实证检验地方政府跟随中央重点产业是否与获得中央的开发区政策支持有关。回归方程（4-13）检验了更多的发展中央重点产业的省份是否获批了更多的国家级开发区。Num_{pt0} 表示"十一五"期初的2006年省份 p 发展的中央重点产业的数量，$cpark_{pt}$ 表示"十一五"时期内省级政府获批的国家级开发区的数量，如果符合本章的预判，系数 ρ_2 应该显著为正。

$$cpark_{pt}=\rho_1+\rho_2 \cdot Num_{pt0}+Z_p+\varepsilon_{pt} \tag{4-13}$$

结果如表4-12第（一）栏所示，平均来看，选择更多中央重点产业作为地方重点产业的省份的确获批更多的国家级开发区，并且这一点主要体现在西部省份[①]。

---

① 在样本量非常有限的前提下，这一系数仍然显著，说明这一相关性是明显存在的。

表4-12　地方跟随中央重点产业与开发区数量

	（1）全国	（2）东部	（3）中部	（4）西部
（一）	国家级开发区			
中央重点产业的数量	0.6196*	0.7372	0.6818	0.3238**
	（0.3047）	（0.9110）	（0.7847）	（0.1172）
样本量	30	11	8	11
R²	0.1287	0.0678	0.1118	0.4587
（二）	国家级开发区的数量			
中央重点产业的数量	0.5372*	−0.5259	0.9963	0.3501*
	（0.3089）	（0.4095）	（0.8375）	（0.1693）
年龄（省委书记）	−0.1988*	−0.3069*	−0.1351	−0.0842
	（0.1122）	（0.1273）	（0.2469）	（0.0797）
任期（省委书记）	0.2247	0.8460*	0.4823	0.1178
	（0.1862）	（0.3469）	（0.2978）	（0.1442）
来源（省委书记）	−1.2558*	−4.4158***	−1.4451	−0.1669
	（0.6413）	（0.7469）	（0.7633）	（0.7273）
样本量	30	11	8	11
R²	0.3228	0.9078	0.6660	0.5753
（三）	国家级开发区的数量			
中央重点产业的数量	0.4101	−0.6570	1.0461*	0.3495*
	（0.2872）	（0.5228）	（0.3842）	（0.1541）
年龄（省长）	0.3569**	0.7437***	0.1020	0.0036
	（0.1464）	（0.1980）	（0.4090）	（0.0970）
任期（省长）	−0.6109*	2.2768**	0.5072	−0.1054
	（0.3123）	（0.8787）	（1.1187）	（0.1744）
来源（省长）	1.3028**	2.7571***	1.2501*	0.1369
	（0.4697）	（0.6323）	（0.4749）	（0.3623）
样本量	30	11	8	11
R²	0.4029	0.8447	0.9267	0.5248
（四）	省级开发区			
中央重点产业的数量	2.8812	1,8141	7.3182	0.3500
	（3.3883）	（6.3658）	（17.5657）	（2.6810）
样本量	30	11	8	11
R²	0.0252	0.0089	0.0281	0.0019

在中国的体制下，方程（4-13）的结果还需要排除官员的影响因素。在当前体制下，中国地方政府间存在激烈的辖区竞争，地方官员在地方经济发展中发挥了很重要的作用。为了排除方程（4-13）中的结果是由官员的晋升激励和官员的个人特征驱动的，本章在方程（4-13）中控制了度量官员晋升激励的两个指标，即官员的年龄和任期（王贤彬和徐现祥，2008；徐现祥和王贤彬，2010）。考虑到官员的来源也会影响到其对中央政策的执行，本章在方程（4-13）中同时控制了官员的来源，本章将官员的来源区分为三种：中央空降、其他地方调入、本地晋升。省委书记和省长的晋升激励和来源的数据来自中山大学岭南学院的地方官员数据库。本章分别在方程（4-13）中控制了省委书记的晋升激励和来源，省长的晋升激励和来源。回归结果如表4-12 中的第（二）栏和第（三）栏所示，控制后方程（4-13）的回归结果依然存在。

　　然而，是否还存在一些未观测因素的影响还需要通过进一步的安慰剂检验来排除。对回归方程（4-13）还存在一个担心，仍然可能存在一些未观察因素（如政府效率、当地官员对地区发展前景的判断等），同时影响某地选择的中央重点产业的数量与获批的国家级开发区数量。如果这个担心成立，那么相信如果把方程（4-13）中的被解释变量换成获批的省级开发区的数量，上述显著关系应该同样成立。为此，本章对方程（4-14）进行回归。换个角度来说，方程（4-14）相当于安慰剂检验，如果地方政府跟随的中央重点产业是为了获得中央的资源支持，那么地方政府发展的中央重点产业数量与省级开发区成立的数量就不会存在显著相关性。在这个回归中，新的被解释变量是 $ppark_{pt}$，表示"十一五"时期，省份 p 获批的省级开发区数量。如果符合本书的预期，系数 ϕ_2 应当不显著。可以看到，表4-12 中第（四）栏的结果的确如此。

$$ppark_{pt} = \phi_1 + \phi_2 \cdot Num_{pt0} + Z_p + \varepsilon_{pt} \tag{4-14}$$

本章小结

从中央的各类产业政策与各省份的五年规划（计划）文本出发，本章分析了中央产业政策与地方产业政策的关系。本章发现，中央所选择的重点产业更可能在东部发达地区具备比较优势，也更可能在东部发达地区实施政策后培育出比较优势。但是，中央的重点产业在中西部地区却始终不具备比较优势。在本章对地方产业政策的研究中则发现，全国各地在产业政策的选择上，都越来越倾向于将中央重点产业作为地方产业政策的扶持对象，并且这一现象在中西部地区表现得尤为明显。本章进一步从比较优势角度对地方产业政策的研究发现，如果中西部地区在产业政策的选择上紧跟中央，那么地方政府选择扶持的产业往往会违背自身的比较优势，如果中西部地区在产业政策的选择上没有紧跟中央，那么地方政府选择扶持的产业往往符合自身的比较优势。这说明，并非中西部地方政府不具备识别自身比较优势的能力，而是他们有意为了在产业政策的选择上紧跟中央而偏离自身的比较优势。对此现象，本章试图提供的一种解释是，在产业政策上紧跟中央是中西部地区获取中央政策资源的一种途径。本章发现，平均来看，地方政府在产业政策上越是紧跟中央，能够获批越多的国家级开发区，这在西部地区尤为明显，但是这样的规律在省级开发区中并不存在。

对中央产业政策与地方产业政策关系的研究以及对这背后地方政府的产业选择行为和动机的研究，也引发了两方面的思考：

首先，对于地方政府偏离辖区潜在比较优势跟随中央重点产业，中央为什么会给予资源支持？对于地方政府偏离比较优势制定产业政策的做法，中央是如何考虑的？中央为什么在政策资源的分配，如国家级开发区的设立上，会支持中西部地区不顾及自身条件的做法？是因为中央与地方政府间存在信息不对称，还是中央有平衡区域经济发展等其他考虑？这就涉及对中央的政策建议。由于实证研究中存在的困难，本章对于这个问题并没有做进一步深入的研究。

其次，是不是遵循潜在比较优势的产业政策更容易培育起产业的显性比较优势？因为在潜在比较优势和显性比较优势的结果对比中，我们看到重点产业的显性比较优势与潜在比较优势呈现一致变化。中央重点产业在东部地区先后动态培育起潜在比较优势和显性比较优势，在中西部地区则始终不具备潜在比较优势和显性比较优势。东部地区发展的属于中央的重点产业在东部地区被动态培育起潜在比较优势的同时也被动态培育起显性比较优势；而东部地区发展的不属于中央的重点产业不符合辖区的潜在比较优势，这些产业在东部地区也始终没有显性比较优势。中西部地区发展的属于中央的重点产业不符合辖区的潜在比较优势，这些产业在中部地区始终没有显性比较优势，在西部地区的显性比较优势也逐渐消失；而中西部地区发展的不属于中央的重点产业符合辖区的潜在比较优势，这些产业在中西部地区始终具备显性比较优势。即重点产业在有潜在比较优势的地区，显性比较优势也越来越明显；在没有潜在比较优势的地区，显性比较优势也越来越弱。这引发了另一个思考：如果地方政府的产业选择遵循当地的潜在比较优势，那么地方的产业政策就更可能成功；反之，则更可能产生负面影响？这还需要更严格的计量检验。目前虽然有一些经验证据指向遵循潜在比较优势的产业政策（发展战略）对经济发展产生积极影响（李力行和申广军，2015；陈钊和熊瑞祥，2015），而违背潜在比较优势的产业政策（发展战略）对经济发展产生负面影响（林毅夫，2002；林毅夫和刘培林，2003；申广军，2016），但是遵循或违背潜在比较优势的产业政策（发展战略）对产业竞争力的影响还没有直接的经验证据。我们仍然需要更多的经验证据来认识遵循或违背潜在比较优势的产业政策（发展战略）可能产生的影响。本书将在第五章对是不是遵循潜在比较优势的产业政策更可能促进产业发展并培育起产业的显性比较优势进行研究。

第五章　比较优势与产业政策效果：区域差异及制度成因

第一节　引言

国际国内对于产业政策的存废一直存在争论，但实践中产业政策却在各国的工业化阶段被广泛采用。即使是在早已成为最发达国家的美国，制造业仍然因其在就业、创新、经济带动等方面的突出贡献而成为产业政策扶持的重点[①]。至于我国，不论是在中央层面还是地方层面，产业政策始终都是政府积极作为的重要抓手。

虽然中国的产业政策很早就被学者所关注，但是在中国这样一个地区发展差异明显的大国，产业政策实施中表现出来的区域差异却并没有引起足够的重视。吴意云和朱希伟（2015）、张莉等（2017）利用两个五年规划的信息较早地发现，地方与中央的产业政策在越来越接近。也就是说，不同地区在产业发展的选择上，很可能并没有因地制宜地实施差异化的政策。吴意云

[①]　例如，在奥巴马政府时期美国就出台了旨在推进先进制造业战略的产业政策，并最终形成《振兴美国制造业和创新法案 2014》，该法案内容详见 https://www.congress.gov/bill/113th-congress/house-bill/2996/text。

和朱希伟（2015）的研究也发现，地方产业政策的这种区域特征导致了中国的工业发展过早进入了再分散的阶段。本书第四章的研究进一步证实，地方产业政策向中央的趋同的确在近几年才表现得较为明显，而且，平均来看中西部地区在产业政策的选择上往往违背自身的比较优势。

对于中国这样一个地区间要素资源禀赋差异较大的大国，在地区层面背离比较优势而实施产业政策的做法尤其需要引起我们的警觉。首先，虽然产业政策的支持者并没能对产业政策该如何实施达成共识（Lin and Chang，2009），但多主张产业政策应该遵循比较优势（林毅夫等，1994，1999；林毅夫和李永军，2003；潘士远和金戈，2008）或视某些条件来确定应遵循还是违背潜在比较优势（Rodriguez-Clare，2007），仅少数主张产业政策应违背潜在比较优势（洪银兴，1997；郭克莎，2003）。其次，产业政策应当违背比较优势的理论依据来自战略性贸易理论，但这一理论却是站在一国的角度看待国与国之间的分工，这与站在一国的角度看待国内地区间的分工是完全不同的。也就是说，即使中国应该借助产业政策来扶持某些在国际上尚不具备比较优势的产业，这样的产业也不应当由国内更不具有比较优势的地区来率先发展。基于策略性分工的理论研究告诉我们，在一国内部进行类似于国与国之间的这种违背比较优势的策略性分工会造成效率的损失（陆铭等，2004；陆铭等，2007）。

那么，中国的地方政府在实施产业政策时遵循或违背比较优势的做法，对于产业政策效果有什么影响呢？虽然，本书在第四章从比较优势角度对中央产业政策和地方产业政策的特征规律的研究中发现潜在比较优势和显性比较优势呈现一致变化，重点产业在有潜在比较优势的地方更容易培育起显性比较优势，在没有潜在比较优势的地方则始终没有显性比较优势或是显性比较优势逐渐消失。但是，是否是遵循潜在比较优势的产业政策能够培育起产业的显性比较优势？以及在中国内部地区间能否进行类似于国家间的赶超竞争，使落后地区借助地方政府产业政策的扶持而获得超越式的发展呢？这些问题还需要严格的计量检验。对这些问题的回答既能够在实践上为中国地方政府更有效地实施产业政策提供指引，也能够在研究上为产业政策效果与比较优势的关系提供来自一国内部的经验证据。然而，现有研究却没有能够对上述问题提供直接的经验证据。

现有文献或者从一般意义上指出了专业化分工（Smith，1776；Ricardo，1817；Yang and Shi，1992；Yang and Ng，1993；Ng and Yang，1997）与集聚经济（Marshall，1890）的益处，或者从重复建设与地方保护（严冀和陆铭，2003；周黎安，2004）、工业分散或集聚经济的损失（吴意云和朱希伟，2015）说明了中国各地区专业分工不足可能造成的效率损失，或者从竞争的角度研究了产业政策成功的条件（Aghion et al.，2015）。这些研究虽然对回答本章提出的核心问题有所借鉴，但都没有从遵循或违背比较优势的角度直接对产业政策的效果进行检验。

以下研究则更接近本章的工作。林毅夫（2002）利用跨国数据研究发现，遵循比较优势的发展战略有利于实现人均收入的收敛。林毅夫和刘培林（2003）利用中国的数据也发现违背比较优势的发展战略会导致收入差距的扩大。李力行和申广军（2015）发现如果开发区设立的目标产业符合当地的潜在比较优势，就能显著促进当地的产业结构调整。陈钊和熊瑞祥（2015）发现如果出口加工区设定的目标行业符合当地的潜在比较优势，则更有助于促进该行业在当地的出口。这些实证研究都突出了产业政策或发展战略是否遵循比较优势这一视角，它们所关注的政策影响涉及人均收入的收敛、产业结构的调整与出口促进，但这些并不是判断产业政策是否动态培育出产业比较优势的直接依据。根据战略性贸易理论，违背比较优势的产业政策如果能够成功，必须最终能够培育出所扶持产业竞争力，或让这些产业最终具备比较优势。本章则试图直接对此进行实证检验。鉴于中国是一个地区间资源禀赋和发展差异非常大的大国，而且，Wang（2013）、向宽虎和陆铭（2015）、Chen 等（2019）对中国开发区的研究已经发现中国产业政策的实施效果存在区域异质性。但是，据本书所知，目前只有 Chen 等（2019）从市场潜力角度解释了产业政策效果区域异质性产生的原因。因此，本书又进一步研究了这个规律在区域间是否存在差异以及区域差异产生的原因，并从僵尸企业角度检验了地方政府违背辖区比较优势的产业政策效果。

具体来说，本章在理论分析基础之上将检验受地方政府产业政策扶持的产业是否更可能培育出比较优势，并且这种可能性是否在产业政策遵循潜在比较优势时会更大。本章同时用行业补贴与是否属于地方重点产业两种指标度量产业政策，前者使用中国工业企业数据库加总到地区_行业层面，后者根据地方政府五年规划（计划）的政策文本加以度量（宋凌云和王贤彬，2013；吴意云和朱希伟，2015；张莉等，2017）。不论采用哪一种度量方式，本章都发现，只有遵循潜在比较优势的产业政策才会使所扶持的产业有更快的发展或更可能培育出显性比较优势。本章还发现这一规律表现出明显的区域差异，即上述规律仅出现在东部地区，在中西部地区却并不存在。进一步的证据则表明，产业政策效果的区域差异背后有其制度上的成因，东部地区有更高的市场化程度和政府效率，这些制度条件是比较优势发挥作用的重要前提。本章进一步发现违背比较优势的产业政策则会导致僵尸企业的产生。

　　本章研究的贡献体现在以下几个方面。第一，本章从是否遵循潜在比较优势的角度为产业政策的实施效果提供了来自一国内部的经验证据。特别地，本章考察了遵循潜在比较优势的产业政策是否更可能让一个产业培育出显性比较优势，这恰恰也是产业政策的主要目的，因而也为政府对产业政策的选择提供了更科学的指引。第二，本章借鉴 Chen 等（2017）使用 Hidalgo 等（2007）提出的行业关联度（*density*）指标度量潜在比较优势，也发展了比较优势的演变路径这支文献（Boschma and Iammarino，2009；Neffke et al.，2011；Boschma et al.，2013；Boschma and Capone，2016），表明比较优势的演变存在路径依赖，遵循潜在比较优势的产业政策更有助于培育起产业的显性比较优势，而违背比较优势的产业政策则会产生负面的经济影响。第三，本章为我们认识中国产业政策实施效果的区域异质性提供了新的视角，不同于 Chen 等（2019）从市场潜力角度解释产业政策实施效果的区域异质性产生的原因，本章则从制度角度解释了产业政策实施效果的区域异质性产生的原因。第四，本章为我们进一步理解比较优势与制度之间的关系提供了新的发现。Beck（2003）、Levchenko（2007）、Nunn（2007）、Manova（2008）、Cunat

和 Melitz（2012）、Tang（2012）发现，制度在比较优势的形成中起着越来越为重要的作用，而本章的研究则告诉我们，如果缺乏良好的制度环境，那么比较优势很可能难以发挥作用。第五，本章的研究发现有利于我们更深入地认识僵尸企业的成因。现有研究多从银行、政府向不具备市场竞争力的企业提供信贷和补贴的角度来解释僵尸企业的成因（朱鹤和何帆，2016；黄少卿和陈彦，2017），但是银行、政府为什么要向不具备市场竞争力的企业提供信贷和补贴呢？违背比较优势的产业政策会不会是其中的一个因素？同样，申广军（2016）发现违背禀赋比较优势和技术比较优势的行业中的企业更容易成为僵尸企业，而且僵尸企业的比例更高。那么，这些违背比较优势的行业为什么会存在呢？违背比较优势的产业政策是否也是其中的一个因素？本章从僵尸企业角度研究地方政府违背辖区比较优势的产业政策的效果，为僵尸企业的成因提供了更深入的解释。

本章接下来安排如下：第二节是本章的理论分析，在此基础上提出本章所要检验的理论假说；第三节介绍本章实证研究中使用的数据、指标和相应的实证模型；第四节是基本实证结果；第五节为产业政策实施效果的区域差异寻找制度成因；第六节是进一步从僵尸企业角度检验违背比较优势的产业政策效果；最后是本章小结，在总结本章研究发现的基础上提出了相应的政策建议，并总结了本章的研究贡献。

第二节　理论假说

关于是遵循比较优势的产业政策能够培育起产业竞争力还是违背比较优势的产业政策能够培育起产业竞争力这个问题，虽然在理论上存在分歧，但目前理论上更倾向于支持前者。林毅夫等（1994，1999）、林毅夫（2002）在对"东亚奇迹"总结的基础上基于要素禀赋理论提出了比较优势战略理论，认为遵循比较优势的产业政策（发展战略）能够将产品的成本降到最

低，从而在市场竞争中能够形成竞争力，培育起产业竞争力。然而，洪银兴
（1997）、王佃凯（2002）、张幼文（2005）基于对要素禀赋理论的批判，认
为要素禀赋理论的一些假设条件在当今的国际竞争秩序中已经不成立，要素
在国家间具有很强的流动性，这改变了一国对要素的垄断优势，加之面对发
达国家资本对劳动的替代和不公平的国际竞争秩序，按照比较优势参与国际
分工，发展中国家的劳动密集型产品和资本密集型产品虽然在一国内部具有
相对优势，但是在国际竞争中将不具有竞争优势，这反而会使发展中国家陷
入"比较优势陷阱"这种不利的状态，不利于发展中国家实现产业结构升
级。并且，洪银兴（1997）、Redding（1999）、郭克莎（2003）基于动态比
较优势理论、竞争优势理论和战略性贸易理论认为发展中国家应该违背比较
优势扶持高技术产业，通过动态培育起这些产业的竞争力来缩小与发达国家
的差距。但是，梁琦和张二震（2002）、张二震（2003）、李辉文（2006）发
现这些对要素禀赋理论批判的观点很多都源于对要素禀赋理论的错误理解，
要素禀赋理论在当今国际秩序下依然成立，比较优势包含了国家内部和国家
间的比较，只要按照比较优势参与分工，产业就一定具有竞争力。而且，只
有遵循比较优势以最低的成本来参与国际竞争才能形成产业竞争力（林毅夫
和李永军，2003）。同时，战略性贸易理论是站在国家角度提出的，看待的
是国与国之间的分工。陆铭等（2004）、陆铭等（2007）在一个两期分工决
策模型中对一国内部地区间的研究则发现，如果一个大国内部的地区间展开
类似于国家间的赶超竞争，企图通过实施违背比较优势的产业政策来实现对
发达地区的赶超，那么实现这种策略性赶超的可能性则很少。目前理论上更
倾向于支持遵循比较优势的产业政策能够培育起产业竞争力，尤其在国家内
部的地区间。

已有的经验研究同样发现遵循比较优势的产业政策能够产生积极的经济
影响，而违背比较优势的产业政策则产生不利的经济影响。李力行和申广军
（2015）、陈钊和熊瑞祥（2015）对中国开发区的研究都发现当开发区设立的
目标行业符合当地的比较优势时，开发区能够显著促进产业结构升级和企业
出口。同理，林毅夫（2002）、林毅夫和刘培林（2003）发现违背比较优势

的产业政策则不利于人均收入的收敛，导致国家间、地区间差距扩大。据本书所知，目前应该没有违背比较优势的产业政策培育起产业竞争力的直接经验证据。即使杨汝岱和姚洋（2008）也只是发现在国家间实行有限赶超的国家的经济增长速度会更高，而且这也只是短期效果，长期中各国都将收敛于由比较优势所决定的经济增长速度。

另外，产品空间和经济地理的研究文献都发现比较优势的演变存在路径依赖。Hidalgo 等（2007）在产品空间中研究了发展中国家和发达国家的产品演变过程，发现变得有显性比较优势的产品都是与已有产品的要素投入和市场需求非常相似的产品，即具有潜在比较优势的产品。经济地理这支文献中一些对国家间和不同国家内部地区间的实证检验都证实了这一点。在国家间和不同国家内部的地区间的产业结构演变过程中，变得有显性比较优势的产业或产品都是与已有产业结构在要素投入和市场需求等方面非常相似的产业或产品，即具有潜在比较优势的产业或产品，因为在产业结构演变过程中，新产业或新产品的产生要有其所需的要素投入和市场规模等，具有潜在比较优势的产业或产品往往更容易获取所需的要素投入和市场规模等，从而更容易形成显性比较优势；相反，不具有潜在比较优势的产业或产品往往很难获取所需的要素投入和市场规模等，从而不易形成显性比较优势（Boschma and Iammarino，2009；Neffke et al.，2011；Boschma et al.，2013；Boschma and Capone，2016）。

据此，提出**本章假说 1：地方政府遵循辖区潜在比较优势的产业政策有利于促进产业发展并培育起产业的显性比较优势。**

产业政策的成功实施既需要制定出遵循客观经济规律的产业政策，也需要产业政策得到有效实施。制定出符合经济规律的产业政策仅是第一步，产业政策真正产生作用还需要产业政策得到有效实施，这就需要建立良好的制度来保证政府和企业有效实施产业政策（Becker et al.，2013）。良好的制度环境一方面能较好地规范政府行为，避免政府的越位和缺位，避免寻租和腐败（Rodrik，1995，2004；Stiglitz and Greenwald，2014），另一方面能激发企业的积极性、促进企业创新（吴敬琏，1999，2002）。所以，良好的制度环境一方面能保证政府有效实施产业政策，另一方面能保证企业将各种产业扶持有效地用于生产领域。余明桂等（2010）发现企业的寻租行为往往发生在制度环境较差的地方，在制度环境越差的地方，越是有政治联系的企业越能获得更多的财政补贴，这些获得财政补贴的企业效益和社会效益也越低。吴一平和李鲁（2017）发现制度环境较差的地区，往往难以有效地约束官员行为，导致官员不愿或不能识别出有效率的企业，使开发区政策显著抑制了企业创新。毛其淋和许家云（2015）对中国政府创新补贴的研究发现，在知识产权保护比较好的地方，企业的新产品创新往往能够得到相应的回报，政府的补贴能够激励企业创新，而在知识产权保护不太好的地方，企业的创新无法获得相应的回报，因此，企业会转而进行寻租，政府补贴无法激励企业创新。韩永辉等（2017）发现中国地方产业政策在推动产业升级过程中的作用高度依赖地方的市场化程度和政府效率。

据此，提出**本章假说 2：地方政府遵循辖区潜在比较优势的产业政策能否培育起产业的显性比较优势还取决于该地区是否具备较好的制度环境。**

相反，根据比较优势战略理论和产品空间理论，如果地方政府扶持违背比较优势的产业，这些产业就很难在市场竞争中将成本降至最低，同时这些产业也很难获取所需的要素禀赋和市场规模等要素，从而很难形成产业竞争力。这就使所扶持行业中的企业很可能是一些不具备市场竞争力却依靠政府的补贴和信贷而存活的僵尸企业。林毅夫（2002）的跨国经验研究、林毅夫和刘培林（2003）对中国内部各省份的经验研究都在宏观层面发现违背比较优势的发展战略将降低人均 GDP 的增长率。申广军（2016）的经验研究也发现违背禀赋比较优势和技术比较优势的行业中的企业更容易成为僵尸企业，而且这些行业中的僵尸企业的比例也更高。

据此，提出**本章假说 3：地方政府违背辖区潜在比较优势的产业政策将导致僵尸企业的产生。**

第三节　数据、指标和模型

本章对产业政策的度量使用了补贴和政策文本两种方法来分别考察政策的短期影响和长期影响。补贴指标的计算过程参见第三章的公式（3-2），使用中国工业企业数据库，按照国民经济行业分类（GB/T 4754-2002）三位码对每个城市每年的企业补贴进行加总，再取对数，生成"行业补贴"这个变量，用于研究政策的短期影响。第二种度量方法如第三章公式（3-1）所示，使用地方政府五年规划（计划）的政策文本构建"是否重点产业"的哑变量来度量不同行业是否受到重点产业政策的扶持，用于研究政策的长期影响。

本书在这一章定义产业政策是要研究地方产业政策成功实施的条件，对地方产业政策成功或失败的判断标准就是考察产业政策是否能够让原本不具有比较优势的行业在政策实施后被培育出显性比较优势（RCA）。这就需要在地区_行业_年份层面上定义行业是否具有显性比较优势（RCA），显性比较优势指标（RCA）的具体计算如第三章公式（3-5）、公式（3-6）所示。公式（3-6）的显性比较优势指标（RCA）是个是否具备显性比较优势的哑变量，0 表示没有显性比较优势，1 表示具备显性比较优势，它考察了比较优势是否发生质上的逆转，是否从没有优势变得具有比较优势。而公式（3-5）的区位商指标（LQ）是个连续变量，考察了比较优势在量上的变化趋势，LQ 值越大说明行业在朝着具备比较优势的方向变化。如果比较优势发生逆转，一定会在区位商指标中体现出量上的积累。因此，本章对假说 1 将检验以下两种情形：第一，原来不具有显性比较优势的行业，受到产业政策扶持之后，是否更可能具备显性比较优势；第二，原来不具有显性比较优势的行业，在产业政策实施之后，其区位商是否变大。

因为本章关注的核心问题是，产业政策的实施效果是否取决于政府在政策制定上遵循辖区的潜在比较优势，所以，在上述两种政策效果的检验中，本章还需要行业的"潜在比较优势"这个核心变量，这个指标本书使用 Hidalgo 等（2007）构建的 *density* 指标，指标的具体过程参见第三章公式（3-11）、公式（3-12）、公式（3-14）。*density* 指标也是一个连续变量，数值越大表明该行业在该地区越具有潜在比较优势。

表5-1 给出了本章的核心变量的描述，表 5-2 是核心变量的描述性统计。

表 5-1 研究中的核心变量

变量	变量名称	变量描述
被解释变量	*LQ*	区位商
	RCA	哑变量，具有显性比较优势时取值为1，否则为0
解释变量	*X*（行业补贴）	度量行业层面，产业政策的扶持力度
	X（重点产业）	度量该行业是否受产业政策所支持
	density	潜在比较优势

表 5-2 核心变量的描述性统计

变量	Obs	Mean	Std. Dev.	Min	Max
LQ	96328	0.3245	0.2766	0	5.5438
RCA	96328	0.0785	0.269	0	1
ln*X*（行业补贴）	120798	1.6702	2.8678	0	12.9783
X（重点产业）	12438	0.3707	0.483	0	1
density	120798	0.2703	0.0828	0.0122	0.6568

本章首先利用如方程（5-1）、方程（5-2）所示的计量模型来检验产业政策的短期效果，也就是用当期的行业补度量产业政策，检验产业政策能否培育出显性比较优势。其中，方程（5-1）所考察的是，产业政策是否更可能让原本不具备显性比较优势的行业在下一期就具备了显性比较优势。方程（5-2）所考察的是，产业政策是否让原本不具备显性比较优势的行业朝着增进比较优势的趋势变化。因为本章关注的核心问题是，上述效应是否取决于

产业政策指向具备潜在比较优势的行业时更可能存在，所以，在两个回归模型的设定中，本章都加入了产业政策与潜在比较优势的交互项，相应地，本章将重点关注交互项系数 θ_3、λ_3 的符号及显著性。根据假说 1，本章预判，在一国内部，只有遵循潜在比较优势时，产业政策才更可能成功，使所扶持行业的显性比较优势增加，甚至从原来的不具备显性比较优势而逆转为具备显性比较优势，因此，本章预判交互项系数 θ_3、λ_3 将显著为正。此外，研究还控制了随时间变化的城市固定效应以及随时间变化的行业固定效应，并且将标准误聚类在城市层面。

$$RCA_{i,c,t+1} = \theta_1 \cdot density_{i,c,t} + \theta_2 \cdot \ln X_{i,c,t} + \theta_3 \cdot (density_{i,c,t} \times \ln X_{i,c,t}) + \delta_{ct} + \gamma_{it} + \varepsilon_{i,c,t}$$
$$(5\text{-}1)$$

$$\ln LQ_{i,c,t+1} = \lambda_0 \cdot \ln LQ_{i,c,t} + \lambda_1 \cdot density_{i,c,t} + \lambda_2 \cdot \ln X_{i,c,t} + \lambda_3 \cdot (density_{i,c,t} \times \ln X_{i,c,t}) + \delta_{ct} + \gamma_{it} + \varepsilon_{i,c,t}$$
$$(5\text{-}2)$$

同时，本章也用地方政府在五年计划中重点扶持的产业来定义产业政策，使得能够考察产业政策的长期效果。在如公式（5-3）、公式（5-4）所示的计量模型中，本章利用"十五"计划的政策文本度量产业政策，检验了产业政策出台后逐年（从 2002 年到 2005 年）的政策效果。哑变量 X "重点产业"度量了 2001 年 c 城市的 i 行业是否为五年计划中所扶持的重点产业（是则赋值为 1，否则赋值为 0），t 表示 2001 年，j 分别取值 1、2、3、4。因为本章只有一个五年计划的周期，所以，此处并非面板数据，本章控制了城市固定效应，并参照吴意云和朱希伟（2015）的做法，进一步控制了行业层面的控制变量，如企业的个数、企业个数的平方、小企业产值所占份额、行业的赫芬达尔指数、行业占省内产值份额、行业占全国产值份额、行业在省内的发展速度、行业在全国的发展速度等。由于本章的五年计划来自省份层面，因而标准误也聚类在省份层面。同样地，本章重点关注交互项 ρ_3、φ_3 的系数是否显著为正。

$$RCA_{i,c,t+j} = \rho_1 \cdot density_{i,c,t-1} + \rho_2 \cdot X_{i,c,t} + \rho_3 \cdot (density_{i,c,t-1} \times X_{i,c,t}) + \prod Z_{it} + \theta_c + \varepsilon_{i,c,t}$$
$$(5\text{-}3)$$

$$\ln LQ_{i,c,t+j} = \phi_0 \cdot \ln LQ_{i,c,t} + \phi_1 \cdot density_{i,c,t-1} + \phi_2 \cdot X_{i,c,t} + \phi_3 (density_{i,c,t-1} \times X_{i,c,t}) + \prod Z_{it} + \theta_c + \varepsilon_{i,c,t}$$
$$(5\text{-}4)$$

鉴于中国是一个地区间资源禀赋和发展差异非常大的大国，一些研究已经发现中国产业政策的效果存在区域异质性（Wang，2013；向宽虎和陆铭，2015；Chen et al.，2019）。本章也会进一步将样本按东部、中西部地区进行分样本回归，考察上述规律是否存在区域间的差异，并根据研究假说2试图从地区的制度环境方面对可能的差异进行解释。因此，本章还从现有文献及统计年鉴中选取或构造能够度量地区制度环境或政府效率的相关变量，如市场化指数（樊纲等，2010），以及度量市场化程度的单项指标，包括城市非国有经济占比、城市外商直接投资占GDP比重。其中，非国有经济占比使用中国工业企业数据库计算了城市的非国有经济就业人数占比，本章对于非国有经济占比也使用了中国工业企业数据库中的生产产值、销售产值、销售收入、固定资产投资指标计算，都得出一致的结论，研究只报告了就业人数这个指标的结果。城市的FDI/GDP数据来源于《中国城市统计年鉴》。对于政府效率的度量，既选取了唐天伟（2009）构建的合成指标，也根据《中国劳动统计年鉴》计算了各省份非政党机关社会团体从业人员占城镇从业人员的比重这个分项指标。这些指标都是数值越大表示市场化程度或政府效率越高。表5-3是一个相关指标和数据来源的汇总。

表 5-3　市场化程度和政府效率的度量指标和数据来源

	制度度量指标	数据来源
市场化程度的度量	市场化指数	樊纲等（2010）
	城市非国有经济占比	中国工业企业数据库
	城市FDI占GDP比重	《中国城市统计年鉴》
政府效率的度量	政府效率指标	唐天伟（2009）
	各省份非政党机关社会团体从业人员占城镇从业人员的比重	《中国劳动统计年鉴》

在从制度角度研究产业政策效果的区域差异时，本章除了按照制度变量的高低进行分组回归外，也使用了交互项，也就是制度变量与潜在比较优势和产业政策进行交互来考察产业政策效果的地区差异，如回归方程（5-5）

和回归方程（5-6）所示，$institution_{c,t}$ 表示制度环境，核心关注交互项 Φ_4、ψ_4 的系数。

$$RCA_{i,c,t+1} = \Phi_1 \cdot density_{i,c,t} + \Phi_2 \cdot \ln X_{i,c,t} + \Phi_3 \cdot institution_{c,t} + \Phi_4 \cdot (institution_{c,t}$$
$$\times density_{i,c,t} \times \ln X_{i,c,t}) + \delta_{ct} + \gamma_{it} + \varepsilon_{i,c,t} \tag{5-5}$$

$$\ln LQ_{i,c,t+1} = \psi_0 \cdot \ln LQ_{i,c,t} + \psi_1 \cdot density_{i,c,t} + \psi_2 \cdot \ln X_{i,c,t} + \psi_3 \cdot institution_{c,t} + \psi_4 \cdot$$
$$(instituion_{c,t} \times density_{i,c,t} \times \ln X_{i,c,t}) + \delta_{ct} + \gamma_{it} + \varepsilon_{i,c,t} \tag{5-6}$$

既然地方政府遵循辖区潜在比较优势的产业政策更容易培育起产业竞争力，那么经济发展过程中的僵尸企业是否由地方政府违背辖区潜在比较优势的产业政策所导致的呢？本章从比较优势角度研究了地方产业政策成功实施的条件之后，将进一步检验假说3，检验违背比较优势的产业政策效果。僵尸企业的度量指标和数据来源如表5-4所示。

表5-4 僵尸企业的度量指标和数据来源

变量名称	变量描述	数据来源
jiangshi	是否是僵尸企业，是赋值为1，不是赋值为0	
jiangshi_ration	行业的僵尸企业数量占比	中国工业企业数据库
jiangshi_sum	行业的僵尸企业个数	

本章对于僵尸企业的识别借鉴朱鹤和何帆（2016）、申广军（2016）、黄少卿和陈彦（2017）和官方的定义使用过度借贷法，即企业的负债率超过50%、当期实际利润为负、当期负债比上期有所增加的企业定义为僵尸企业。因为中国工业企业数据库2009年的补贴数据缺失以及2010年的数据可能失真等问题，导致本章无法对2008年以后的僵尸企业进行比较准确的识别，所以，本章对违背比较优势的产业政策效果的研究同样使用1999~2008年的中国工业企业数据库。

接下来本章将从企业和行业两个层面实证检验是否是地方政府违背比较优势的产业政策导致了僵尸企业的产生。首先使用方程（5-7）在企业层面检验是否是地方政府违背比较优势的产业政策导致该行业的企业在下一年更容易成为僵尸企业。$jiangshi_{pift+1}$ 表示 $t+1$ 年 p 省 i 行业的企业 f 是否是僵尸企业，是则赋值为 1，否则赋值为 0，X_{pit} 表示 t 年 p 省的 i 行业是否是重点产业，是则赋值为 1，否则赋值为 0，本章重点、关注交互项系数 α_3 是否显著为负，方程中控制了企业、年份、省份和行业的固定效应，并将标准误聚类在省份_行业层面。然后，利用方程（5-8）、方程（5-9）在行业层面检验是否由于地方政府违背比较优势的产业政策导致该行业的僵尸企业占比和僵尸企业数量在下一年更高。$jiangshi\_ration_{pit+1}$ 表示 $t+1$ 年 p 省 i 行业的僵尸企业占比，$jiangshi\_sum_{pit+1}$ 表示 $t+1$ 年 p 省 i 行业的僵尸企业个数，在方程（5-8）、方程（5-9）中同样重点关注交互项系数 β_3、γ_3 是否显著为负，方程（5-8）、方程（5-9）中控制了省份_年份、行业的固定效应，并将标准误聚类在省份层面。

$$jiangshi_{pift+1} = \alpha_1 \cdot density_{pit} + \alpha_2 \cdot X_{pit} + \alpha_3 \cdot (X_{pit} \times density_{pit}) + \eta_p + \lambda_t + \mu_i + \rho_f + \varepsilon_{pit}$$
$$(5-7)$$

$$jiangshi\_ration_{pit+1} = \beta_0 \cdot jiangshi_{ration_{pit}} + \beta_1 \cdot density_{pit} + \beta_2 \cdot X_{pit} + \beta_3 \cdot (X_{pit} \times density_{pit}) + \delta_{pt} + \mu_i + \varepsilon_{pit}$$
$$(5-8)$$

$$jiangshi\_sum_{pit+1} = \gamma_0 \cdot jiangshi_{sum_{pit}} + \gamma_1 \cdot density_{pit} + \gamma_2 \cdot X_{pit} + \gamma_3 \cdot (X_{pit} \times density_{pit}) + \delta_{pt} + \mu_i + \varepsilon_{pit}$$
$$(5-9)$$

第四节　基本结果

表 5-5 是方程（5-1）和方程（5-2）的回归结果。因为本章也特别关注回归结果在区域间是否存在差异，所以将样本进一步划分为东部和中西部进行分样本回归。表中前 3 列是方程（5-1）的回归结果，后 3 列是方程（5-2）的回归结果。结果如第（1）列和第（4）列所示交互项系数显著为正，也就是说，从全国平均来看，产业政策在扶持具有潜在比较优势的行业时，更可能培育出行业的显性比较优势。从后两列分样本的回归结果看，交

互项系数显著为正仅出现在东部样本中，说明在中西部地区，潜在比较优势并没有在产业政策中发挥应有的作用。本章着重关注的是交互项的系数，但值得注意的是，表5-5第（5）列和第（6）列结果显示中西部地区 density 的一次项系数稍大于东部地区，虽然这个差异只表现出略微的显著性，该现象在表5-8中也出现了，这就意味着在中西部地区产业政策的效果更加依赖于政策是否遵循本地区的潜在比较优势。

表5-5　产业政策的短期影响

	（1）全国 RCA_{t+1}	（2）东部 RCA_{t+1}	（3）中西部 RCA_{t+1}	（4）全国 $\ln LQ_{t+1}$	（5）东部 $\ln LQ_{t+1}$	（6）中西部 $\ln LQ_{t+1}$
$\ln LQ$				0.8602 ***	0.8695 ***	0.8428 ***
				(0.0052)	(0.0064)	(0.0080)
density	1.4327 ***	1.3480 ***	1.3563 ***	1.1749 ***	0.9737 ***	1.1994 ***
	(0.0888)	(0.1074)	(0.1692)	(0.0676)	(0.0678)	(0.1458)
$\ln X$	0.0036 **	0.0018	0.0052 ***	0.0002	−0.0008	0.0032 **
	(0.0014)	(0.0020)	(0.0019)	(0.0008)	(0.0011)	(0.0014)
density×$\ln X$	0.0120 **	0.0154 **	0.0073	0.0053 *	0.0077 **	−0.0083
	(0.0050)	(0.0068)	(0.0076)	(0.0030)	(0.0034)	(0.0055)
城市_年份	YES	YES	YES	YES	YES	YES
行业_年份	YES	YES	YES	YES	YES	YES
样本量	96299	48743	47536	96299	48743	47536
R^2	0.0930	0.0876	0.1291	0.4831	0.5393	0.4658

注：（）中的为标准误，标准误聚类在城市层面，***、** 和 * 分别代表在1%、5%和10%水平上显著。

接下来表5-6的第（一）栏、第（二）栏两栏分别是对方程（5-3）、方程（5-4）的回归结果，用来考察政策更为长期的效果，为了节省篇幅，表中没有将其他控制变量纳入。从表5-6的结果来看，交互项在四期中均不显著。这可能是由于借助文本分析进行产业政策的度量存在较大的测量误差，并且产业政策的度量在省份层面变异较小，也可能是因为平均来看，政策的效果的确不取决于重点行业是否具备潜在比较优势。本章无法在文本分析中减少测量误差，但可以通过分样本回归进一步考察政策是否存在因地区而异的异质性效果。

表5-6 产业政策的长期影响

	（1）	（2）	（3）	（4）
	第一期	第二期	第三期	第四期
（一）	RCA_{t+1}	RCA_{t+2}	RCA_{t+3}	RCA_{t+4}
density	4.0355***	5.0773***	5.5804***	5.5996***
	(0.4471)	(0.7744)	(0.8361)	(0.9416)
X	−0.0493*	−0.0125	−0.0172	0.0088
	(0.0250)	(0.0302)	(0.0390)	(0.0445)
density×X	0.1969	0.1231	0.1708	0.0169
	(0.1164)	(0.1447)	(0.1660)	(0.1778)
city	YES	YES	YES	YES
样本量	6490	6279	6414	6522
R^2	0.0871	0.1178	0.1577	0.1800
（二）	$\ln LQ_{t+1}$	$\ln LQ_{t+2}$	$\ln LQ_{t+3}$	$\ln LQ_{t+4}$
$\ln LQ$	0.9727***	0.9450***	0.8530***	0.8250***
	(0.0159)	(0.0256)	(0.0370)	(0.0327)
density	0.0602	0.5785***	1.1343***	0.8772***
	(0.2246)	(0.1972)	(0.2885)	(0.2887)
X	0.0123	0.0057	−0.0001	0.0062
	(0.0145)	(0.0249)	(0.0303)	(0.0231)
density×X	0.0054	0.0477	0.0701	0.0359
	(0.0517)	(0.0830)	(0.1133)	(0.0757)
city	YES	YES	YES	YES
样本量	7075	6815	7013	7162
R^2	0.5001	0.4048	0.4206	0.4748

注：（ ）中的为标准误，标准误聚类在省份层面，***、**和*分别代表在1%、5%和10%水平上显著。表5-7、表5-8、表5-9、表5-11同。

在表5-7的分区域样本回归中，为了节省篇幅，本章仅报告重点关注的交互项系数。其中第（一）、第（二）两栏是东部地区样本对应方程（5-3）、方程（5-4）的回归结果，第（三）、第（四）两栏是中西部地区样本对应方程（5-3）、方程（5-4）的回归结果。可以看到，在分样本回归中，东部地区的交互项系数大部分显著为正或至少是符号为正且接近显著。中西部样本的回归中，没有一个交互项系数显著为正。表5-7中交互项系数在地区间的这种差异与本章在表5-6中的发现是一致的。

表5-7　产业政策分区域的长期影响

	（1）第一期	（2）第二期	（3）第三期	（4）第四期
（一）东部	RCA_{t+1}	RCA_{t+2}	RCA_{t+3}	RCA_{t+4}
$density \times X$	0.4512**	0.4093**	0.4271**	0.3105
	(0.1419)	(0.1344)	(0.2326)	(0.2169)
样本量	3496	3423	3515	3549
R^2	0.0713	0.1028	0.1517	0.1862
（二）东部	$\ln LQ_{t+1}$	$\ln LQ_{t+2}$	$\ln LQ_{t+3}$	$\ln LQ_{t+4}$
$density \times X$	0.1135**	0.2138*	0.2111**	0.1842**
	(0.0395)	(0.1029)	(0.0693)	(0.0704)
样本量	3757	3663	3790	3841
R^2	0.5754	0.4478	0.4739	0.5415
（三）中西部	RCA_{t+1}	RCA_{t+2}	RCA_{t+3}	RCA_{t+4}
$density \times X$	−0.1863	−0.3039**	−0.1462	−0.4044***
	(0.1481)	(0.1351)	(0.1438)	(0.1352)
样本量	2994	2856	2899	2973
R^2	0.1178	0.1413	0.1752	0.1941
（四）中西部	$\ln LQ_{t+1}$	$\ln LQ_{t+2}$	$\ln LQ_{t+3}$	$\ln LQ_{t+4}$
$density \times X$	−0.0289	−0.0257	0.0489	−0.0392
	(0.0947)	(0.1541)	(0.1782)	(0.1222)
样本量	3318	3152	3223	3321
R^2	0.5161	0.4121	0.4427	0.4969

上述发现意味着，在东部地区，遵循潜在比较优势的产业政策更可能让原本不具备显性比较优势的行业在产业政策的扶持下培育出显性比较优势。但是，这样的规律在中西部地区却并不存在。这就很自然地引发出一个新的问题：为什么比较优势在产业政策中的作用存在区域差异？根据本章假说2，预判这与地区间制度环境的不同有关。接下来将试图从市场化程度和政府效率这两个角度对此加以解释。

第五节 产业政策效果区域差异的制度成因

本章用市场化程度度量各地区的制度环境（樊纲等，2003），使用了合成指标市场化指数（樊纲等，2010）。这个指标既包含企业效率也包含政府效率，为了进一步区分开企业效率和政府效率，使用分项指标非国有经济占比和外商直接投资占 GDP 的比重，这些指标能更好地反映企业效率，看企业是否将产业扶持用于了生产领域，是否有效地实施了产业政策，同时也使用了直接度量政府效率的指标，既有合成指标政府效率（唐天伟，2009），也有分项指标非政党机关社会团体从业人数占城镇就业人数的比重，来看政府是否有效地执行了产业政策。

既然本章预判产业政策效果的区域差异背后所反映的是地区间制度环境的不同，那么本章接下来就按制度环境的不同进行分样本回归，以此来检验是否在更好的制度环境下，潜在比较优势才能发挥作用，使遵循潜在比较优势的所扶持行业更可能培育出显性比较优势。根据第四章以及吴意云和朱希伟（2015）、熊瑞祥和王慷慨（2017）的研究发现，我们知道影响地方产业政策是否遵循本辖区潜在比较优势的因素是中央产业政策和官员的晋升激励，在方程（5-1）、方程（5-2）中分别控制了随时间变动的城市固定效应和随时间变动的行业固定效应，所以，表5-8、表5-9中的回归结果排除了城市、行业层面随时间变化的未观察因素可能造成的内生性偏误，这使回归方程系数反映的更可能是因果关系而非相关关系。为了检验是否是制度的作用，本章将按市场化程度和政府效率高低进行分组回归，市场化程度和政府效率高低的划分依据是否高于或低于全国均值，本章改变分组依据，如按60分位数分组，结果依然稳健。为了克服内生性，市场化程度和政府效率高低的分组，使用了历史信息，按1999年的数据进行分组。

表5-8汇报了按市场化指数（樊纲等，2010）的分组回归结果，第（1）列、第（3）列两列对应方程（5-1）的回归结果，第（2）列、第（4）列两列对应方程（5-2）的回归结果。可以看到，交互项系数显著为正的结果仅出现在市场化程度高的组别中。度量市场化效率的分项指标和政府效率指标统一在表5-9中汇报，为了节省篇幅，本章只汇报了交互项的结果，交互项系数显著为正的结果都出现在市场化程度高和政府效率高的组中。也就是说，只有在市场化程度较高的地区，潜在比较优势才能真正发挥作用，使相应扶持的行业更快地培育出比较优势。

表5-8　按市场化指数的分组回归

	市场化指数大于全国均值			市场化指数小于全国均值
	（1）	（2）	（3）	（4）
	RCA_{t+1}	$\ln LQ_{t+1}$	RCA_{t+1}	$\ln LQ_{t+1}$
density	1.3394***	0.9912***	1.3775***	1.2258***
	（0.1094）	（0.0501）	（0.1616）	（0.1570）
$\ln X$	0.0029***	−0.0003	0.0038	0.0025*
	（0.0013）	（0.0008）	（0.0026）	（0.0013）
density×$\ln X$	0.0131**	0.0065**	0.0117	−0.0052
	（0.0048）	（0.0025）	（0.0098）	（0.0048）
$\ln LQ$		0.8703***		0.8398***
		（0.0052）		（0.0088）
城市_年份	YES	YES	YES	YES
行业_年份	YES	YES	YES	YES
样本量	55782	55782	40500	40500
R²	0.0871	0.5236	0.1335	0.4692

虽然这些衡量制度环境的指标的合理性可以商榷，并且这些指标也是本章依据现有文献做法所能获得的较为多样化的度量，但是，正如我们在表5-8、表5-9中可以看到的，交互项的回归结果比较稳健地在指标高于全国均值的分组回归中显著为正。这进一步说明，良好的制度环境的确是潜在比较优势在产业政策中发挥作用的重要前提。

表5-9 其他指标的分组回归结果

		指标≥全国均值		指标<全国均值	
		RCA_{t+1}	$\ln LQ_{t+1}$	RCA_{t+1}	$\ln LQ_{t+1}$
城市非国有经济占比	$density \times \ln X$	0.0134**	0.0069**	0.0112	-0.0058
		(0.0057)	(0.0031)	(0.0080)	(0.0047)
	样本量	50592	50592	45695	45695
	R^2	0.0928	0.5266	0.1273	0.4691
城市FDI/GDP	$density \times \ln X$	0.0137*	0.0062	0.0098	0.0009
		(0.0068)	(0.0040)	(0.0060)	(0.0031)
	样本量	36551	36551	59727	59727
	R^2	0.1132	0.5163	0.1047	0.4815
政府效率指标	$density \times \ln X$	0.0104*	0.0049*	0.0147	-0.0012
		(0.0050)	(0.0025)	(0.0111)	(0.0060)
	样本量	57541	57541	38729	38729
	R^2	0.0898	0.5169	0.1314	0.4736
非政党机关社会团体从业人数占城镇从业人数比重	$density \times \ln X$	0.0111**	0.0050*	0.0077	-0.0033
		(0.0048)	(0.0029)	(0.0099)	(0.0040)
	样本量	58106	58106	38173	38173
	R^2	0.0906	0.5007	0.1355	0.4859

为了进一步说明本章基本实证结果中呈现出来的地区差异的确与制度环境有关，本章在表5-10中比较了各种制度指标在地区间的差异。可以看到，这些衡量制度环境的指标的确在东部的均值要显著地高于中西部。这就进一步证实了本章的预判。

表 5-10 制度指标均值的区域差异

	东部	中部	西部	东部与中西部均值差异
市场化指数	5.0627	3.9338	3.3164	1.4864*** (0.2781)
政府效率	0.1373	−0.0975	−0.0873	0.2289*** (0.0484)
非国有经济就业人数	0.5672	0.3210	0.2759	0.2661*** (0.0209)
FDI/GDP	0.0587	0.0129	0.0084	0.0475*** (0.0067)
非国家机关政党机关和社会团体从业人员占城镇就业人数比重	0.9392	0.9277	0.9138	0.0195*** (0.0056)

注：（ ）中为标准误，＊＊＊、＊＊和＊分别代表在1%、5%和10%水平上显著。

表 5-11 是方程（5-5）、方程（5-6）交互项的回归结果。如表 5-11 所示，为了节省篇幅，表中只报告了三重差分方法的结果。可以看到，回归结果基本符合本章的预期，系数接近或显著为正，与分组回归的结果比较一致，再次说明制度是导致产业政策效果产生区域差异的重要原因。

表 5-11 区域差异三重差分方法回归结果

	RCA_{t+1}	$\ln LQ_{t+1}$
市场化指数×$density$×$\ln X$	0.0016 (0.0031)	0.0033* (0.0017)
样本量	96299	96299
R^2	0.0931	0.4832
城市非国有经济占比×$density$×$\ln X$	−0.0056 (0.0253)	0.0175 (0.0143)
样本量	96299	96299
R^2	0.0931	0.4832

续表

	RCA_{t+1}	$\ln LQ_{t+1}$
城市 FDI/GDP×$density$×$\ln X$	0.0676	0.1179
	(0.1254)	(0.0942)
样本量	94637	94637
R^2	0.0909	0.4834
政府效率×$density$×$\ln X$	0.0506**	0.0357***
	(0.0199)	(0.0108)
样本量	96299	96299
R^2	0.0931	0.4833
非政党机关社会团体从业人数占城镇就业人数比重×$density$×$\ln X$	0.3060**	0.2193**
	(0.1311)	(0.0949)
样本量	96299	96299
R^2	0.0932	0.4832

第六节 违背比较优势的产业政策与僵尸企业

地方政府遵循潜在比较优势的产业政策培育起了产业的显性比较优势，这也引发了另外一个思考，地方经济发展中出现的负面问题，如僵尸企业，是否是由地方政府违背潜在比较优势的产业政策所导致的？

表5-12、表5-13是方程（5-7）、方程（5-8）、方程（5-9）违背比较优势的产业政策效果的回归结果，结果总体上符合本章的预判。表5-12是方程（5-7）的回归结果，检验了是否是违背比较优势的产业政策在下一期更容易使该行业的企业成为僵尸企业，本章也进一步将样本划分为东部和中西部进行分样本回归，并将地方重点产业区分为"地方发展-中央没发展"

和"地方发展−中央发展"来看回归结果。表5−12第（1）列是全样本回归结果、第（2）列是东部样本的回归结果、第（3）列是中西部样本的回归结果。表5−12第（一）栏是地方重点产业的回归结果，第（二）栏报告了"地方发展−中央没发展"的重点产业的回归结果，第（三）栏报告了"地方发展−中央发展"的重点产业的回归结果。我们可以看到不论是全样本回归还是分样本回归，不论是"地方发展−中央没发展"的重点产业，还是"地方发展−中央发展"的重点产业，交互项的系数都显著为负，符合本章的预判，说明扶持违背比较优势的产业，在下一期更容易使该行业的企业变为僵尸企业。在行业层面的研究也得出一致结论，表5−13第（一）栏是方程（5−8）的回归结果，检验了违背比较优势的产业政策在下一期对行业僵尸企业占比的影响，第（二）栏是方程（5−9）的回归结果，检验了违背比较优势的产业政策在下一期对行业僵尸企业数量的影响，由于2001~2008年的样本期包含了"十五"和"十一五"两个五年规划（计划）时期，本章进一步将样本划分为2001~2005年的"十五"时期和2006~2008年的"十一五"时期看回归结果，表5−13第（1）列是全样本的回归结果，第（2）列是2001~2005年的"十五"时期的回归结果，第（3）列是2006~2008年的"十一五"时期的回归结果。本章在行业层面得出了和企业层面比较一致的结果，我们可以看到表5−13的交互项系数都为负，只是第（一）栏的显著性太低。这可能是因为本章只研究了2008年金融危机以前的僵尸企业问题，而没有研究2008年金融危机以后的僵尸企业问题。僵尸企业问题在2008年金融危机以后更加明显，但是，因为2008年以后的中国工业企业数据库中一些指标的缺失和数据失真等问题，而上市公司数据对本章的研究问题缺少代表性，所以，与多数研究僵尸企业的文献一样，本章只使用了1999~2008年的中国工业企业数据库的数据来研究僵尸企业问题。这在一定程度上会降低本章结果的显著性，但是，本章交互项系数都为负，多数接近显著，这说明违背比较优势的产业政策很可能导致僵尸企业的产生。未来如果有2008年以后更具代表性样本和更高质量的微观企业数据，本书将扩展到2008年以后进行研究，这很可能会使本书的结果更加显著，加强本书的研究结论。

表5-12　违背比较优势的产业政策与企业是否为僵尸企业

	（1）全国	（2）东部	（3）中西部
（一）	是否变为僵尸企业		
density	0.0364 **	0.0678 ***	−0.0858 **
	(0.0164)	(0.0178)	(0.0409)
地方重点产业	0.0186 ***	0.0212 ***	0.0259 **
	(0.0053)	(0.0065)	(0.0103)
地方重点产业×*density*	−0.0562 ***	−0.0604 ***	−0.1039 ***
	(0.0134)	(0.0154)	(0.0336)
企业固定效应	YES	YES	YES
行业固定效应	YES	YES	YES
省份固定效应	YES	YES	YES
年份固定效应	YES	YES	YES
样本量	1211118	928873	282238
R^2	0.3611	0.3525	0.3806
（二）	是否变为僵尸企业		
density	0.0309 *	0.0622 ***	−0.1008 **
	(0.0161)	(0.0172)	(0.0392)
地方发展−中央没发展	0.0231 ***	0.0330 ***	0.0239 *
	(0.0076)	(0.0096)	(0.0126)
（地方发展−中央没发展）×*density*	−0.0706 ***	−0.0938 ***	−0.1018 **
	(0.0205)	(0.0243)	(0.0402)
企业固定效应	YES	YES	YES
行业固定效应	YES	YES	YES
省份固定效应	YES	YES	YES
年份固定效应	YES	YES	YES
样本量	1211118	928873	282238
R^2	0.3611	0.3525	0.3806
（三）	是否变为僵尸企业		
density	0.0293 *	0.0599 ***	−0.1190 ***
	(0.0166)	(0.0178)	(0.0410)

续表

	（1）全国	（2）东部	（3）中西部
地方发展-中央发展	0.0143 **	0.0136	0.0225
	（0.0072）	（0.0084）	（0.0161）
（地方发展-中央发展）×density	-0.0421 **	-0.0381 **	-0.0766
	（0.0173）	（0.0193）	（0.0516）
企业固定效应	YES	YES	YES
行业固定效应	YES	YES	YES
省份固定效应	YES	YES	YES
年份固定效应	YES	YES	YES
样本量	1211118	928873	282238
R^2	0.3611	0.3525	0.3805

注：（）中的为标准误，标准误聚类在省份_行业层面，***、** 和 * 分别代表在1%、5%和10%水平上显著。

表5-13 违背比较优势的产业政策与行业僵尸企业的比例和数量

（一）	（1）2001~2008 年	（2）2001~2005 年	（3）2006~2008 年
	僵尸企业比例$_{t+1}$	僵尸企业比例$_{t+1}$	僵尸企业比例$_{t+1}$
density	-0.1174	-0.1007	-0.1739 *
	（0.0818）	（0.0888）	（0.0933）
地方重点产业	-0.0006	-0.0035	0.0086
	（0.0077）	（0.0103）	（0.0121）
地方重点产业×density	-0.0073	-0.0009	-0.0140
	（0.0210）	（0.0285）	（0.0296）
僵尸企业比例	-0.7219 ***	-0.7217 ***	-0.7413 ***
	（0.0112）	（0.0122）	（0.0200）
省份_年份	YES	YES	YES
行业	YES	YES	YES
样本量	37268	29615	7653
R^2	0.4158	0.4191	0.4138

续表

（二）	（1） 2001~2008 年	（2） 2001~2005 年	（3） 2006~2008 年
	僵尸企业个数$_{t+1}$	僵尸企业个数$_{t+1}$	僵尸企业个数$_{t+1}$
density	24.0833 ***	24.8062 **	14.0997 ***
	（8.3725）	（9.1724）	（2.8610）
地方重点产业	0.9349	1.1606	0.3796
	（0.6915）	（0.7533）	（0.2914）
地方重点产业×*density*	− 2.3061	− 3.0095	− 1.7749
	（2.5982）	（2.6732）	（1.1290）
僵尸企业个数	− 0.1469 **	− 0.2346 ***	0.1548 ***
	（0.0590）	（0.0450）	（0.0440）
省份_年份	YES	YES	YES
行业	YES	YES	YES
样本量	37268	29615	7653
R^2	0.2549	0.3085	0.3114

注：（ ）中的为标准误，标准误聚类在省份层面，***、**和*分别代表在1%、5%和10%水平上显著。

本章小结

本章发现遵循潜在比较优势的产业政策能够促进产业发展并培育出产业的显性比较优势，但是这种现象仅存在于我国的东部地区，在中西部地区则没有。进一步的研究证实，产业政策效果在区域间的这种差异源于地区间制度环境的不同，具体来说，只有在市场化程度较高、政府效率较高的条件下，遵循潜在比较优势的产业政策才能促进产业发展并培育起产业的显性比较优势，而违背比较优势的产业政策很可能导致僵尸企业的产生。

本章为比较优势与产业政策效果的关系提供了来自一国内部的经验证据，

对于中国未来该如何更有效地实施产业政策提供了指引。由于中国地区间发展不平衡，制度环境也存在较大差异，本章的研究告诉我们，相对落后的地区，在产业政策实施中，既要遵循本地比较优势来发展重点产业，也应当加强制度环境建设（加快市场化改革、提高政府效率），只有在这两个条件同时具备时，产业政策才能够将潜在比较优势成功转化为显性比较优势，真正实现行业发展与赶超。

本章也为我们认识中国产业政策实施效果中的区域异质性提供了借鉴。虽然一些研究发现中国产业政策的实施效果存在区域差异（Wang，2013；向宽虎和陆铭，2015；Chen et al.，2019），但是进一步解释区域差异产生的原因的文献并不多，据本书所知，目前只有 Chen 等（2019）从市场潜力角度解释开发区政策效果的区域异质性。本章从制度角度解释中国产业政策实施效果的区域异质性则丰富了这方面的研究，有助于拓展我们认识中国产业政策实施效果中区域差异产生的原因。

此外，本章也为我们认识制度环境与比较优势的关系提供了新的发现。最近，国际上越来越多的文献对不同制度的研究都发现制度在成为比较优势的重要来源（Beck，2003；Levchenko，2007；Nunn，2007；Manova，2008；Cunat and Melitz，2012；Tang，2012），与这些研究发现制度是形成比较优势的重要来源有所不同，本章的研究提示我们，良好的制度也是产业政策得以发挥作用的前提条件。

同时，本章也为我们认识僵尸企业的成因提供了更深入的解释。不同于朱鹤和何帆（2016）、黄少卿和陈彦（2017）、申广军（2016）发现是政府、银行向不具备盈利能力的企业提供补贴和信贷以及违背比较优势的行业导致了僵尸企业的产生。那么，政府和银行为什么会向不具备盈利能力的企业提供补贴和信贷以及为什么违背比较优势的行业会产生，这背后更深层的原因很可能是政府违背比较优势的产业政策。本章从违背比较优势的产业政策角度研究僵尸企业的成因为僵尸企业产生的原因提供了更深层的解释。

第六章 研究结论、政策建议与
未来展望

为了更好地认识和更有效地实施中国产业政策，不同于以往评估产业政策效果的研究文献，本书基于五年规划（计划）和比较优势视角从中国产业政策的特征规律和地方产业政策成功实施的条件这两个新的角度研究中国产业政策，本章对本书的研究进行了总结。首先总结了本书的研究发现，然后在研究发现的基础上针对中央政府和地方政府如何更有效地实施产业政策和区域战略提出相应的政策建议，最后总结了本书在中央的行为动机、地方政府偏离比较优势的动机等问题的研究中存在的不足以及未来的研究方向。

第一节 研究结论

本书首先在对 1989 年中央第一部产业政策颁布以来至 2017 年中央出台的所有产业政策文本分类梳理的基础上，研究了中央产业政策的类型和特征规律。本书研究发现，除了针对国民经济各个行业的产业结构调整政策以外，中央又出台了针对外商投资的产业政策、鼓励基础行业或高技术行业发展的重点产业政策、平衡区域经济发展的地区指向型产业政策和抑制产能过剩的产业政策。这些产业政策往往会在经济下滑时集中出台，因而具有反周期特证。在中央出台的这些产业政策中，重点产业政策是中央产业政策的重点。在 1989~2017 年中央出台的所有产业政策中，鼓励基础行业或高技术行业发展的重点产业政策的数量占比最高。从"九五"至"十二五"期间，不仅每个五年规划（计划）时期中央都会出台重点产业政策，而且出台数量也逐期递增。同样地，重点产业政策也是地方产业政策的重点，这一点还可以在中央和各省（自治区、直辖市）的国民经济和社会发展五年规划（计划）中得到印证。中央和地方的产业政策除了以产业政策文本形式颁布以外，还会将每个五年规划（计划）时期的产业规划写入国民经济和社会发展五年规划（计划）中的"产业结构调整"相关内容中，本书发现在中央和地方的五年规划（计划）中"产业结构调整"相关内容中规划重点产业的内容占比超过了 3/4。鉴于重点产业政策最具代表性，本书接下来就围绕重点产业政策研究中央产业政策与地方产业政策的关系、地方政府的产业政策制定行为和动机以及中国地方产业政策成功实施的条件。

然后，本书使用"九五"至"十二五"时期中央和中国大陆除西藏以外 30 个省（自治区、直辖市）的五年规划（计划）界定出中央和地方的重点产业，首先对中央重点产业的研究发现中央重点产业往往在东部地区具有或是能够培育起比较优势。因为中央重点产业往往是处在世界科技前沿的高技术产业，这些产业往往具有较强的集聚效应，通常集聚在东部少数发达地区。而且，这些产业通常适合在东部这种比较发达的地区发展，经过"十五""十一五"时期的扶持，平均来看，这些产业先后在东部地区被动态培育起了潜在比较优势和显性比较优势，而在中西部地区则始终不具备潜在比较优势和显性比较优势。这意味着地方政府不能盲目跟随中央重点产业，中央重点产业应由具备比较优势的地方来发展。

然而，地方重点产业却越来越跟随中央重点产业，导致中西部地区的产业政策越来越偏离辖区的比较优势。本书发现在"九五"至"十二五"时期，地方政府越来越跟随中央重点产业，在地方重点产业中，中央重点产业所占比例越来越高，这种现象尤其明显地出现在中西部地区。平均来看，东部地区这样做符合辖区的比较优势，而中西部地区这样做则是偏离辖区的比较优势。本书进一步的实证检验也发现，平均来看，东部地区发展的属于中央的重点产业符合辖区的潜在比较优势，经过"十五"时期的扶持在东部地区动态培育起显性比较优势。而中西部地区发展的属于中央的重点产业始终不符合辖区的潜在比较优势，在中部地区始终没有形成显性比较优势，在西部地区的显性比较优势也逐渐消失。但是，地方政府普遍跟随中央重点产业的现象说明这不是地方政府的非理性行为。同时，中西部地方政府发展的不属于中央的重点产业，平均来看符合辖区的潜在比较优势，这说明地方政府对本辖区的潜在比较优势具有信息优势，地方政府偏离辖区比较优势跟随中央重点产业也不是地方政府的能力所限。那么，地方政府为什么要不顾及自身的比较优势来跟随中央重点产业？

本书通过对开发区的研究发现地方政府不顾及辖区比较优势跟随中央重点产业是为了获得中央的资源支持。本书发现在地方政府跟随中央重点产业越明显的"十一五""十二五"时期，也正是中西部地区获批大量国家级开发区的时期，本书预判这可能是为了获得来自中央的资源支持。因为中央重点产业往往配有大量的资源支持，国家级经济技术开发区和高新技术产业开发区就是其中很重要的扶持方式。本书进一步的实证检验也证实了这个预判。本书对"十一五"时期地方发展中央重点产业的数量与获批国家级开发区数量的实证检验发现，地方政府越多地发展中央重点产业，就能够获批越多的国家级开发区，而这种现象就出现在西部地区。本书进一步排除官员的晋升激励和官员个人特征的影响因素之后，这个结论依然成立，并通过省级开发区进行安慰剂检验，发现这个现象在省级开发区中却不存在，这同样支持了本书的研究结论。

但是，地方政府偏离辖区比较优势跟随中央重点产业会导致僵尸企业的产生，并不能培育起产业竞争力，而是遵循潜在比较优势的产业政策能够促进产业发展并培育起产业的显性比较优势，并且制度导致这个规律存在区域差异。本书从比较优势角度研究地方政府制定产业政策的行为动机时，已经发现潜在比较优势与显性比较优势呈现相一致的变化。重点产业在有潜在比较优势的地区动态培育起了显性比较优势，而在没有潜在比较优势的地区则始终不具备显性比较优势或是显性比较优势逐渐消失。但是，是否是地方政府遵循潜在比较优势的产业政策形成了产业竞争力还需要更严格的计量检验。然后，本书使用补贴和政策文本两种度量产业政策的方法，并使用双重差分方法和双向固定效应模型研究了政策的短期效果和逐年效果以及长期效果。与之前发现的规律一致，不论是短期还是长期，都是遵循潜在比较优势的产业政策能够促进产业发展并培育起产业的显性比较优势。而且，这个规律存在区域差异，在东部有，在中西部没有，也就是在东部扶持有潜在比较优势的产业能够培育起产业的显性比较优势，而在中西部地区，即使扶持有潜在比较优势的产业也没有效果。这种区域差异背后的影响因素是什么？这是因为制定出符合经济规律的产业政策后，政策的有效实施还需要良好的制度环境。良好的制度环境能够提高政府的执行力和微观企业效率，有效地遏制寻租和腐败，使产业政策得到有效实施；相反，较差的制度环境往往会滋生寻租和腐败，不利于政策的有效实施，使政策无法产生相应效果。中国地区间的制度环境存在较大差异，东部地区通常比中西部地区的市场化程度更高，具备更好的制度环境来保障产业政策的有效实施，本书通过分组回归和三重差分方法都发现这种政策效果的区域差异背后是制度环境的差异。相反，违背比较优势的产业政策则会导致僵尸企业的产生。

　　总之，本书从比较优势角度对中国产业政策的特征规律和中国地方产业政策成功实施条件的研究发现，平均来看，中央重点产业在东部地区具备或能够培育起比较优势。由于中央重点产业通常配有大量的扶持资源，导致中西部地区的地方政府往往为获得来自中央的资源支持而不顾及本辖区的潜在比较优势来跟随中央重点产业政策。但是，这种违背辖区潜在比较优势的跟风行为并不利于产业发展。相反，遵循辖区潜在比较优势的产业政策能够促进产业发展并培育起产业的显性比较优势，而且，这种政策效果的产生还需要良好的制度环境，而违背比较优势的产业政策则会导致僵尸企业的产生。

第二节　政策建议

本节将依据本书的研究发现详细介绍本书的政策建议。本书基于五年规划（计划）和比较优势视角对中国产业政策的特征规律和中国地方产业政策成功实施条件的研究，对中央和地方如何更有效地实施产业政策具有重要的现实意义。由于产业政策也是发展战略的重要政策工具，本书的研究对区域战略的有效实施也具有重要的现实意义。接下来，本节针对中央政府和地方政府如何更有效地实施重点产业政策和区域战略提出如下政策建议：

一、中央政府

实施重点产业政策要有区域针对性，避免像"撒胡椒面"一样统一推行下去。因为重点产业往往在具备潜在比较优势的地区才能培育起显性比较优势，在没有潜在比较优势的落后地区发展高新技术产业，将会产生僵尸企业，导致产业政策失败和效率损失，而无法培育起产业竞争力和带来区域经济的平衡发展。因此，中央制定和实施重点产业政策一定要有区域针对性，要选择在有潜在比较优势的地区对其进行重点培育和发展，而不要像"撒胡椒面"一样统一推行下去，尤其不要将重点产业政策用作平衡区域经济发展的政策工具。对于相对落后地区，中央应该鼓励其依据自身条件设立自己的重点产业。

加强机制设计，筛选出具备潜在比较优势的地区来发展中央的重点产业。中央要通过合理的机制设计筛选出具有潜在比较优势的地区，确保中央的重点产业由具有潜在比较优势的地方来实施发展。而要避免不合理的机制扭曲地方政府行为，使不具备潜在比较优势的地方因其他动机来实施发展，从而造成效率损失。

二、地方政府

重点产业政策的制定要因地制宜地遵循辖区的潜在比较优势。因为在区域经济发展中，只有遵循辖区潜在比较优势的产业政策有利于促进产业发展并培育起产业的显性比较优势，而违背辖区潜在比较优势的产业政策则会导致僵尸企业的产生。尤其对于相对落后的地区而言，产业政策的成功实施更加依赖于本辖区的潜在比较优势。因此，相对落后地区的地方政府在制定和实施本辖区的重点产业政策时，更要遵循本辖区的潜在比较优势，依据自身特征选择辖区的重点产业，而不要盲目跟随中央或其他发达地区的产业政策。

地方政府要加强制度环境建设。因为政府制定出符合经济规律的产业政策后，产业政策效果的发挥还需要产业政策得到有效实施，这就需要良好的制度环境来保障。因为良好的制度环境能够有效地遏制寻租和腐败，提高政府和微观企业的效率，保证产业政策得到有效实施。尤其对于相对落后的地区，制度环境相对较差，更要积极提高本辖区的市场化程度，加强制度建设，否则，即便制定出符合经济规律的产业政策，也很难产生相应的政策效果。

第三节　未来展望

本书还存在一些有待研究或是深入研究的问题等不足。尽管本书基于五年规划（计划）和比较优势视角对中国产业政策的特征规律和中国地方产业政策成功实施条件的研究，对中国产业政策、产业政策，中国地方政府行为和区域战略等研究都具有重要贡献。然而，受限于客观条件等因素，本书在中央的动机、地方政府偏离辖区比较优势跟随中央重点产业等问题的研究中还存在以下四个方面有待研究或是深入研究，这也是本书研究中存在的不足，这些不足或许可以作为未来的研究方向。

一、中央对于地方跟随中央而给予资源支持的动机

由于在实证研究中存在的困难，本书关于中央为什么会对地方政府不顾及辖区比较优势跟随中央产业政策给予资源支持，没有进一步研究背后中央的动机。本书对地方政府不顾及辖区比较优势跟随中央重点产业动机的研究发现，这是地方政府为了获得来自中央的资源支持。那么，中央对于地方政府的这种行为为什么会给予资源支持？中央是有平衡区域经济发展等方面的考虑，还是因为中央与地方政府间存在信息不对称，中央根本就不知道地方政府在违背辖区的潜在比较优势？这是一个非常重要的研究问题，因为这涉及相应的政策建议。如果是中央有平衡区域经济发展方面的考虑，那么对中央的政策建议就是重点产业政策的实施要有地区针对性，在有潜在比较优势的地区实施，避免将其作为平衡区域经济发展的政策工具。如果是因为中央与地方政府间存在信息不对称的问题，那么对中央的政策建议就是要加强机制设计，通过合理的机制设计筛选出具有潜在比较优势的地区来实施中央重点产业。由于在实证研究中存在困难，本书没有对这个问题进行研究。但是，未来笔者会继续关注这方面的经验证据，在可能的条件下对这个问题进行研究。

二、地方政策跟随中央政策的原因

地方政府为了获得来自中央的资源仅是本书对于地方政府偏离辖区比较优势跟随中央重点产业的现象能够提供的一个解释。本书不排除还存在其他可能的原因，未来笔者会继续关注这方面存在的其他可能的原因，并进一步研究地方政府违背辖区潜在比较优势跟随中央重点产业的行为究竟是地方政府的主动行为还是被动选择。

三、违背比较优势与僵尸企业

目前本书只研究了 2008 年金融危机以前违背比较优势的产业政策对僵尸企业的影响，未来随着数据质量的提高，笔者将对这个问题扩展到 2008 年金

融危机以后进行研究。僵尸企业问题在 2008 年金融危机以后更加明显，与此同时，如本书图 4-1、图 4-3 所示，在金融危机期间中央出台了大量的行业振兴政策，所以，违背比较优势的产业政策对僵尸企业的影响非常有必要扩展到 2008 年金融危机以后进行研究。目前，因为 2008 年以后的中国工业企业数据库存在的各种问题导致无法比较准确地识别 2008 年以后的僵尸企业，所以，与多数研究僵尸企业的文献一样，本书只研究了 2008 年金融危机以前违背比较优势的产业政策对僵尸企业的影响，这很可能是影响本书在这个问题上的实证结果不太稳健的一个重要原因。虽然上市公司数据可以扩展到 2008 年以后，目前也有一些研究使用上市公司数据研究 2008 年以后的僵尸企业问题，但是，对于本书的研究问题而言，上市公司的样本还缺少代表性。未来如果有 2008 年以后更具代表性样本和更高质量的企业数据，笔者将对这个问题扩展到 2008 年金融危机以后进行研究，这很可能使本书的结果更加显著，进一步加强本书在这个问题上的研究结论。

四、产业政策的成因

本书对产业政策的成因没有研究。如果对政策的研究分为三类：第一类是政策本身，第二类是政策成因，第三类是政策效果，本书属于第一类和第三类。对于第二类，哪些因素会成为政府选择重点产业的考虑因素，包括本书中的潜在比较优势，目前几乎没有这方面的研究。如果可能，笔者后续会在这方面开展一些研究。

参考文献

［1］Aghion P, Cai J, Dewatripont M, et al. Industrial Policy and Competition［J］. American Economic Journal: Macroeconomics, 2015, 7（4）: 1-32.

［2］Alder S, Shao L, Zilibotti F. Economic Reforms and Industrial Policy in a Panel of Chinese Cities［J］. Journal of Economic Growth, 2016, 21（4）: 305-349.

［3］Amiti M. New Trade Theories and Industrial Location in the EU: A Survey of Evidence［J］. Oxford Review of Economic Policy, 1998, 14（2）: 45-53.

［4］Amiti M, Konings J. Trade Liberalization, Intermediate Inputs, and Productivity: Evidence from Indonesia［J］. American Economic Review, 2007, 97（5）: 1611-1638.

［5］Aschhoff B. The Effect of Subsidies on R&D Investment and Success—Do Subsidy History and Size Matter?［Z］. ZWE Discussion Paper No. 09-032, 2009.

［6］Bai C E, Du Y J, Tao Z G, et al. Local Protectionism and Regional Specialization: Evidence from China's Industries［J］. Journal of International Economics, 2004, 63（2）: 397-417.

［7］Balassa B. Trade Liberalisation and Revealed Comparative Advantage［J］. The Manchester School, 1965, 33（2）: 99-123.

［8］Baldwin R E. The Case against Infant - Industry Tariff Protection

［J］．Journal of Political Economy, 1969, 77（3）：295-305.

［9］ Beck T. Financial Dependence and International Trade ［J］．Review of International Economics, 2003, 11（2）：296-316.

［10］ Becker G S, Murphy K M. The Division of Labor, Coordination Costs, and Knowledge ［J］．Quarterly Journal of Economics, 1992, 107（4）：1137-1160.

［11］ Becker S O, Egger P H, Von Ehrlich M. Absorptive Capacity and the Growth and Investment Effects of Regional Transfers：A Regression Discontinuity Design with Heterogeneous Treatment Effects ［J］．American Economic Journal：Economic Policy, 2013, 5（4）：29-77.

［12］ Bernstein J I. The Structure of Canadian Inter-industry R&D Spillovers and the Rates of Return to R&D ［J］．Journal of Industrial Economics, 1989（3）：315-328.

［13］ Berube C, Mohnen P. Are Firms That Receive R&D Subsidies More Innovative? ［J］．Canadian Journal of Economics, 2009, 42（1）：206-225.

［14］ Blalock G, Gertler P J. Welfare Gains from Foreign Direct Investment through Technology Transfer to Local Suppliers ［J］．Journal of International Economics, 2008, 74（2）：402-421.

［15］ Blonigen B A. Industrial Policy and Downstream Export Performance ［J］．Economic Journal, 2016, 126（595）：1635-1659.

［16］ Bo Z Y. Chinese Provinical Leaders：Economic Performance Political Mobility：Since 1949 ［J］．China Review International, 2002, 9（2）：366-370.

［17］ Bombardini M, Gallipoli G, Pupato G. Skill Dispersion and Trade Flows ［J］．American Economic Review, 2012, 102（5）：2327-2348.

［18］ Borland J, Yang X K. Specialization and a New Approach to Economic Organization and Growth ［J］．American Economic Review, 1992, 82（2）：386-391.

比较优势与产业政策有效性：基于中国实践的研究

[19] Boschma R, Capone G L. Relatedness and Diversification in the European Union (EU-27) and European Neighbourhood Policy Countries [J]. Environment and Planning C: Government and Policy, 2016, 34 (4): 617-637.

[20] Boschma R, Iammarino S. Related Variety, Trade Linkages, and Regional Growth in Italy [J]. Economic Geography, 2009, 85 (3): 289-311.

[21] Boschma R, Minondo A, Navarro M. The Emergence of New Industries at the Regional Level in Spain: A Proximity Approach Based on Product Relatedness [J]. Economic Geography, 2013, 89 (1): 29-51.

[22] Brandt L, Biesebroeck J V, Zhang Y F. Creative Accounting or Creative Destruction? Firm-level Productivity Growth in Chinese Manufacturing [J]. Journal of Development Economics, 2012, 97 (2): 339-351.

[23] Branstetter L G, Sakakibara M. When Do Research Consortia Work Well and Why? Evidence from Japanese Panel Data [J]. American Economic Review, 2002, 92 (1): 143-159.

[24] Bronzini R, Piselli P. The Impact of R&D Subsidies on Firm Innovation [Z]. Temi di Discussione Working Papers 960, 2014.

[25] Busom I. An Empirical Evaluation of R&D Subsidies [J]. Economics of Innovation and New Technology, 2000, 9 (2): 111-148.

[26] Cai H B, Liu Q. Competition and Corporate Tax Avoidance: Evidence from Chinese Industrial Firms [J]. Economic Journal, 2009, 119 (537): 764-795.

[27] Cai H B, Treisman D. Does Competition for Capital Discipline Governments? Decentralization, Globalization and Public Policy [J]. American Economic Review, 2005, 95 (3): 817-830.

[28] Cai H B, Treisman D. Did Government Decentralization Cause China's Economic Miracle? [J]. World Politics, 2006 (58): 505-535.

[29] Cai J, Stoyanov A. Population Aging and Comparative Advantage [J]. Journal of International Economics, 2016 (102): 1-21.

［30］ Cai J, Harrison A, Lin J Y. The Pattern of Protection and Economic Growth: Evidence from Chinese Cities ［Z］. UC Berkeley Working Paper, 2011.

［31］ Cao Y Z, Qian Y Y, Weingast B R. From Federalism, Chinese Style to Privatization, Chinese Style ［J］. Economics of Transition, 1999, 7 (1): 103-131.

［32］ Cappelen A, Raknerud A, Rybalka M. The Effects of R&D Tax Credits on Patenting and Innovations ［J］. Research Policy, 2012, 41 (2): 334-345.

［33］ Chen B K, Lu M, Timmins C, Xiang K H. Spatial Misallocation: Evaluating Place-Based Policies Using a Natural Experiment in China ［Z］. NBER Working Paper No. 26148, 2019.

［34］ Chen Z, Poncet S, Xiong R X. Inter-industry Relatedness and Industrial—Policy Efficiency: Evidence from China's Export Processing Zones ［J］. Journal of Comparative Economics, 2017, 45 (4): 809-826.

［35］ Costinot A. Contract Enforcement, Division of Labor, and the Pattern of Trade ［Z］. NBER Working Paper, 2005.

［36］ Costinot A. An Elementary Theory of Comparative Advantage ［J］. Econometrica, 2009a, 77 (4): 1165-1192.

［37］ Costinot A. On the Origins of Comparative Advantage ［J］. Journal of International Economics, 2009b, 77 (2): 255-264.

［38］ Criscuolo C, Martin R, Overman H G, et al. Some Causal Effects of an Industrial Policy ［J］. American Economic Review, 2019, 109 (1): 48-85.

［39］ Crowley M A. Do Safeguard Tariffs and Antidumping Duties Open or Close Technology Gaps ［J］. Journal of International Economics, 2006, 68 (2): 469-484.

［40］ Cunat A, Melitz M. Volatility, Labor Market Flexibility, and the Pattern of Comparative Advantage ［J］. Journal of The European Economic Association, 2012, 10 (2): 225-254.

［41］ Czarnitzki D, Hottenrott H, Thorwarth S. Industrial Research versus

Development Investment: The Implications of Financial Constraints [J]. Cambridge Journal of Economics, 2011, 35 (3): 527-544.

[42] Du L S, Harrison A, Jefferson G H. Testing for Horizontal and Vertical Foreign Investment Spillovers in China, 1998-2007 [J]. Journal of Asian Economics, 2012, 23 (3): 234-243.

[43] Du L S, Harrison A, Jefferson G H. FDI Spillovers and Industrial Policy: The Role of Tariffs and Tax Holidays [J]. World Development, 2014 (64): 366-383.

[44] Ederington J, McCalman P. Infant Industry Protection and Industrial Dynamics [J]. Journal of International Economics, 2011, 84 (1): 37-47.

[45] Freedman M. Persistence in Industrial Policy Impacts: Evidence from Depression-Era Mississippi [J]. Journal of Urban Economics, 2017 (102): 34-51.

[46] Gorg H, Strobl E. The Effect of R&D Subsidies on Private R&D [J]. Econometrica, 2007, 74 (294): 215-234.

[47] Grossman G M, Maggi G. Diversity and Trade [J]. American Economic Review, 2000, 90 (5): 1255-1275.

[48] Hanse J D, Jensen C, Madsen E S. The Establisment of the Danish Windmill Industry—Was It Worthwhile? [J]. Review of World Economics, 2003, 139 (2): 324-347.

[49] Harris R, Robinson C. Industrial Policy in Great Britain and Its Effect on Total Factor Productivity in Manufacturing Plants, 1990-1998 [J]. Journal of Political Economy, 2004, 51 (4): 528-543.

[50] Harrison A. An Empirical Test of the Infant Industry Argument: Comment [J]. American Economic Review, 1994, 84 (4): 1090-1095.

[51] Harrison A, Rodriguez-Clare A. Trade, Foreign Investment, and Industrial Policy for Developing Countries [Z]. Handbook of Development Economics, 2010.

［52］ Hausmann R, Rodrik D. Economic Development as Self – discovery ［J］. Journal of Development Economics, 2003, 72 (2): 603-633.

［53］ Heckscher E F. The Effect of Foreign Trade on the Distribution of Income ［C］. Translated from the Swedish (1949) in American Economic Association: Readings in the Theory of International Trade (pp. 272 – 300). Philadelphia: Blakiston Company, 1919.

［54］ Heilmann S, Shih L. The Rise of Industrial Policy in China, 1978 – 2012 ［Z］. Harvard-Yenching Institute Working Paper Series, 2013.

［55］ Hidalgo C A, Hausmann R. A Network View of Economic Development ［J］. Developing Alternatives, 2008 (12): 5-10.

［56］ Hidalgo C A, Klinger B, Barabasi A – L, et al. The Product Space Conditions the Development of Nations ［J］. Science, 2007, 317 (5837): 482-487.

［57］ Hirschman A O. The Strategy of Economic Development ［M］. City of New Haven: Yale University Press, 1958.

［58］ Jaffe A B, Le T. The Impact of R&D Subsidy on Innovation: A Study of New Zealand Firms ［Z］. Motu Working Paper 15-08, 2015.

［59］ Javorcik B S. Does Foreign Direct Investment Increase the Productivity of Domestic Firms? In Search of Spillovers through Backward Linkages ［J］. American Economic Review, 2004, 94 (3): 605-627.

［60］ Jin H H, Qian Y Y, Weingast B R. Regional Decentralization and Fiscal Incentives: Federalism, Chinese Style ［J］. Journal of Public Economics, 2005 (89): 1719-1742.

［61］ Kim S. Expansion of Markets and the Geographic Distribution of Economic Activities: The Trends in US Regional Manufacturing Structure, 1860-1987 ［J］. Quarterly Journal of Economics, 1995, 110 (4): 881-908.

［62］ Kline P. Place Based Policies, Heterogeneity, and Agglomeration ［J］. American Economic Review, 2010, 100 (2): 383-387.

［63］ Kline P, Moretti E. Local Economic Development, Agglomeration E-conomies, and the Big Push: 100 Years of Evidence from the Tennessee Valley Authority ［J］. Quarterly Journal of Economics, 2014, 129 (1): 275-331.

［64］ Krueger A O, Tuncer B. An Empirical Test of the Infant Industry Argument ［J］. American Economic Review, 1982, 72 (5): 1142-1152.

［65］ Krugman P. Increasing Returns, Monopolistic Competition and International Trade ［J］. Journal of International Economics, 1979, 9 (4): 469-479.

［66］ Krugman P. Scale Economies, Product Differentiation, and the Pattern of Trade ［J］. American Economic Review, 1980, 70 (5): 950-959.

［67］ Krugman P. Targeted Industrial Policies: Theory and Evidence ［Z］. A Symposium Sponsored by the Federal Reserve Bank of Kansas City, 1983.

［68］ Krugman P, Venables A J. Globalization and the Inequality of Nations ［J］. Quarterly Journal of Economics, 1995, 110 (4): 857-880.

［69］ Krupp C M, Skeath S. Evidence on the Upstream and Downstream Impacts of Antidumping Cases ［J］. Journal of Economics and Finance, 2002, 13 (2): 163-178.

［70］ Levchenko A A. Institutional Quality and International Trade ［J］. Review of Economic Studies, 2007, 74 (3): 791-819.

［71］ Li H B, Zhou L-A. Political Turnover and Economic Performance: The Incentive Role of Personnel Control in China ［J］. Journal of Public Economics, 2005, 89 (9-10): 1743-1762.

［72］ Liebman B H, Tomlin K M. Steel Safeguards and the Welfare of U. S. Steel Firms and Downstream Consumers of Steel: A Shareholder Wealth Perspective ［J］. Canadian Journal of Economics, 2007, 40 (3): 812-842.

［73］ Lin J Y, Chang H-J. Should Industrial Policy in Developing Countries Conform to Comparative Advantage or Defy It? A Debate between Justin Lin and Ha-Joon Chang ［J］. Development Policy Review, 2009, 27 (5): 483-502.

［74］ Lin J Y, Liu M. Development Strategy: Transition and Challenges of

Development in Lagging Regions [C]. Annual World Bank Conference on Development Economics 2004: Accelerating Development (Bangalore Conference Proceedings), Washington D. C. : World Bank, 2004.

[75] Lin J Y, Liu Z Q. Fiscal Decentralization and Economic Growth in China [J]. Economic Development and Cultural Change, 2000, 49 (1): 1-21.

[76] Lin P, Liu Z M, Zhang Y F. Do Chinese Domestic Firms Benefit from FDI Inflow? Evidence of Horizontal and Vertical Spillovers [J]. China Economic Review, 2009 (20): 677-691.

[77] List F. The National System of Political Economy [M]. London and New York: Longmans, Green & Co. , 1904.

[78] Liu E. Industrial Policies in Production Networks [J]. Quarterly Journal of Economics, 2019, 134 (4): 1883-1948.

[79] Lu Y, Wang J, Zhu L M. Place–Based Policies, Creation and Agglomeration Economies: Evidence from China's Economic Zone [J]. American Economic Journal: Economic Policy, 2019, 11 (3): 325-360.

[80] Luzio E, Greenstein S. Measuring the Performance of a Protected Infant Industry: The Case of Brazilian Microcomputers [J]. The Review of Economics and Statistics, 1995, 77 (4): 622-633.

[81] Mamuneas T P, Nadiri M I. Public R&D Policies and Cost Behavior of the US Manufacturing Industries [J]. Journal of Public Economics, 1996, 63 (1): 57-81.

[82] Manova K. Credit Constraints, Equity Market Liberalizations and International Trade [J]. Journal of International Economics, 2008, 76 (1): 33-47.

[83] Marshall A. Principles of Economics [M]. London: Macmillan, 1890.

[84] Maskin E, Qian Y Y, Xu C G. Incentives, Information and Organizational Form [J]. Review of Economic Studies, 2000, 67 (2): 359-378.

[85] Melitz M J. When and How Should Infant Industries Be Protected? [J]. Journal of International Economics, 2005, 66 (1): 177-196.

[86] Miyagiwa K, Ohno Y. Closing the Technology Gap Under Protection [J]. American Economic Review, 1995, 85 (4): 755-770.

[87] Montinola G, Qian Y Y, Weingast B R. Federalism, Chinese Style: The Political Basis for Economic Success in China [J]. World Politics, 1995, 48 (1): 50-81.

[88] Neffke F, Henning M, Boschma R. How Do Regions Diversify over Time? Industry Relatedness and the Development of New Growth Paths in Regions [J]. Economic Geography, 2011, 87 (3): 237-266.

[89] Neumark D, Simpson H. Placed-Based Policies [R]. Handbook of Regional and Urban Economics, 2015: 1197-1287.

[90] Ng Y-K, Yang X K. Specialization, Information, and Growth: A Sequential Equilibrium Analysis [J]. Review of Development Economics, 1997, 1 (3): 257-274.

[91] Nunn N. Relationship-Specificity, Incomplete Contracts, and the Pattern of Trade [J]. Quarterly Journal of Economics, 2007, 122 (2): 569-600.

[92] Nunn N, Trefler D. The Structure of Tariffs and Long-Term Growth [J]. American Economic Journal: Macroeconomics, 2010, 2 (4): 158-194.

[93] Nunn N, Trefler D. Domestic Institutions as a Source of Comparative Advantage [M]. Handbook of International Economics, 2014 (4): 263-315.

[94] Ohlin B. Interregional International Trade [M]. Cambridge: Harvard University Press, 1933.

[95] Oi J C. Fiscal Reform and the Economic Foundation of Local State Corporatism [J]. World Politics, 1992, 45 (1): 99-126.

[96] Pearson S R. Net Profitability, Domestic Resource Costs, and Effective Rate of Production [Z]. Food Research Institute, Stanford University, Monograph, 1973.

[97] Poncet S, De Waldemar F S. Product Relatedness and Firm Exports in China [J]. The World Bank Economic Review, 2015, 29 (3): 579-605.

［98］ Qian Y Y, Roland G. Federalism and the Soft Budget Constraint ［J］. American Economic Review, 1998, 88 (5): 1143-1162.

［99］ Qian Y Y, Weingast B R. China's Transition to Market: Market-Preserving Federalism, Chinese Style ［J］. The Journal of Policy Reform, 1996, 1 (2): 149-185.

［100］ Qian Y Y, Weingast B R. Federalism as a Commitment to Market Incentives ［J］. Journal of Economic Perspectives, 1997, 11 (4): 83-92.

［101］ Qian Y Y, Xu C G. Why China's Economic Reforms Differ: The M-Form Hierarchy and Entry/Expansion of the Non-State Sector ［J］. Economics of Transition, 1993 (1): 135-170.

［102］ Qian Y Y, Roland G, Xu C G. Why Is China Different from Eastern Europe? Perspectives from Organization Theory ［J］. European Economic Review, 1999 (43): 1085-1094.

［103］ Qian Y Y, Roland G, Xu C G. Corrdination and Experimentation in M-Form and U-Form Organization ［J］. Journal of Political Economy, 2006, 114 (2): 366-402.

［104］ Redding S. Dynamic Comparative Advantage and the Welfare Effects of Trade ［J］. Oxford Economic Papers, 1999, 51 (1): 15-39.

［105］ Ricardo D. On the Principles of Political Economy and Taxation ［M］. London: John Murray, Albemarle-Street, 1817.

［106］ Rivera-Batiz L A, Romer P M. Economic Integration and Endogenous Growth ［J］. Quarterly Journal of Economics, 1991, 106 (2): 531-555.

［107］ Robinson J A. Industrial Policy and Development: A Political Economy Perspective ［C］. Annual World Bank Conference on Development Economics—Global 2011: Development Challenges in a Postcrisis World, The World Bank Washington, D. C. , 2009.

［108］ Rodriguez-Clare A. Cluster and Comparative Advantage: Implications for Industrial Policy ［J］. Journal of Development Economics, 2007, 82 (1):

43-57.

［109］Rodrik D. Trade and Industrial Policy Reform in Developing Countries：A Review of Recent Theory and Evidence ［R］. Handbook of Development Economics, III, Amsterdam：North-Holland, 1995.

［110］Rodrik D. Coordination Failures and Government Policy：A Model with Applications to East Asia and Eastern Europe ［J］. Journal of International Economics, 1996, 40（1）：1-22.

［111］Rodrik D. Industrial Policy for the Twenty-first Century ［Z］. KSG Working Paper No. RWP04-04J, 2004.

［112］Romer P M. Growth Based on Increasing Returns Due to Specialization ［J］. American Economic Review, 1987, 77（2）：56-62.

［113］Romer P M. Endogenous Technological Change ［J］. Journal of Political Economy, 1990, 98（5）：S71-S102.

［114］Rosenstein-Rodan P N. Problems of Industrialization of Eastern and South-Eastern Europe ［J］. Economic Journal, 1943（53）：202-211.

［115］Rosenthal S S, Strange W C. The Determinants of Agglomeration ［J］. Journal of Urban Economics, 2001, 50（2）：191-229.

［116］Smith A. An Inquiry into the Nature and Causes of the Wealth of Nations ［M］. Chicago：University of Chicago Press, 1776.

［117］Stiglitz J E, Greenwald B C. Creating a Learning Society：A New Approach to Growth, Development, and Social Progress ［M］. New York：Columbia University Press, 2014.

［118］Tang H W. Labor Market Institutions, Firm-Specific Skills, and Trade Patterns ［J］. Journal of International Economics, 2012, 87（2）：337-351.

［119］Wallsten S J. The Effects of Government-Industry R&D Programs on Private R&D：The Case of the Small Business Innovation Research Program ［J］. Rand Journal of Economics, 2000, 31（1）：82-100.

［120］ Wang J. The Economic Impact of Special Economic Zones: Evidence from Chinese Municipalities ［J］. Journal of Development Economics, 2013 (101): 133-147.

［121］ Wei S J. The Open Door Policy and China's Rapid Growth: Evidence from City-Level Data ［R］. NBER Working Papers 4602, National Bureau of Economic Research, Inc. , 1993.

［122］ World Bank. The East Asian Miracle: Economic Growth and Public Policy ［M］. Oxford: Oxford University Press, 1993.

［123］ Xu C G. The Fundamental Institutions of China's Reforms and Development ［J］. Journal of Economic Literature, 2011, 49 (4): 1076-1151.

［124］ Yang X K, Borland J. A Microeconomic Mechanism for Economic Growth ［J］. Journal of Political Economy, 1991, 99 (3): 460-482.

［125］ Yang X K, Ng Y K. Specialization and Economic Organization: A New Classical Microeconomic Framework ［M］. Amsterdam: North-Holland, 1993.

［126］ Yang X K, Shi H L. Specialization and Product Diversity ［J］. American Economic Review, 1992, 82 (2): 392-398.

［127］ Young A A. Increasing Returns and Economic Progress ［J］. Economic Journal, 1928, 38 (152): 527-542.

［128］ Young A. Learning by Doing and the Dynamic Effects of International Trade ［J］. Quarterly Journal of Economics, 1991, 106 (2): 369-405.

［129］ Young A. The Razor's Edge: Distortions and Incremental Reform in the People's Republic of China ［J］. Quarterly Journal of Economics, 2000, 115 (4): 1091-1135.

［130］ Zeng Z H. How Do Special Economic Zones and Industrial Clusters Drive China's Rapid Development ［Z］. Policy Research Working Papers 5583, 2011.

［131］ Zhang T, Zou H F. Fiscal Decentralization, Public Spending, and Economic Growth in China ［J］. Journal of Public Economics, 1998, 67 (2):

221-240.

［132］Zhang X B. Fiscal Decentralization and Political Centralization in China：Implications for Growth and Inequality ［J］. Journal of Comparative Economics, 2006, 34（4）：713-726.

［133］Zheng S Q, Sun W Z, Wu J F, et al. The Birth of Edge Cities in China：Measuring the Effects of Industrial Parks Policy ［J］. Journal of urban Economics, 2017（100）：80-103.

［134］Zhu S J, He C F, Zhou Y. How to Jump Further and Catch Up? Path-Breaking in an Uneven Industry Space ［J］. Journal of Economic Geography, 2017, 17（3）：521-545.

［135］A. M. 阿格拉. 欧洲共同体经济学 ［M］. 戴炳然，伍贻康，周建平，等译. 上海：上海译文出版社，1985.

［136］安同良，周绍东，皮建才. R&D 补贴对中国企业自主创新的激励效应 ［J］. 经济研究，2009（10）：87-98+120.

［137］白重恩，杜颖娟，陶志刚，等. 地方保护主义及产业地区集中度的决定因素和变动趋势 ［J］. 经济研究，2004（4）：29-40.

［138］北京大学中国经济研究中心发展战略组. 关于技术选择指数的测量与计算 ［Z］. 北京大学中国经济研究中心工作论文，no. C2002003，2002.

［139］蔡昉，林毅夫. 中国经济 ［M］. 北京：中国财政经济出版社，2003.

［140］蔡昉，王德文. 比较优势差异、变化及其对地区差距的影响 ［J］. 中国社会科学，2002（5）：41-54+204.

［141］蔡昉，王德文，王美艳. 工业竞争力与比较优势——WTO 框架下提高我国工业竞争力的方向 ［J］. 管理世界，2003（2）：58-63+70.

［142］陈冬华，李真，新夫. 产业政策与公司融资——来自中国的经验证据 ［C］//上海财经大学会计与财务研究院. 2010 中国会计与财务研究国际研讨会论文集，2010.

［143］陈抗，Arye L. Hillman，顾清扬. 财政集权与地方政府行为变

化——从援助之手到摄取之手［J］．经济学（季刊），2012，2（4）：111-130.

［144］陈诗一，张军．中国地方政府财政支出效率研究：1978-2005［J］．中国社会科学，2008（4）：65-78+206.

［145］陈硕．分税制改革、地方财政自主权与公共品供给［J］．经济学（季刊），2010，9（4）：1427-1446.

［146］陈硕，高琳．央地关系：财政分权度量及作用机制再评估［J］．管理世界，2012（6）：43-59.

［147］陈钊，熊瑞祥．比较优势与产业政策效果——来自出口加工区准实验的证据［J］．管理世界，2015（8）：67-80.

［148］陈钊，徐彤．走向"为和谐而竞争"：晋升锦标赛下的中央和地方治理模式变迁［J］．世界经济，2011，34（9）：3-18.

［149］程选．我国地区比较优势研究［M］．北京：中国计划出版社，2001.

［150］戴小勇，成力为．产业政策如何更有效：中国制造业生产率与加成率的证据［J］．世界经济，2019，42（3）：69-93.

［151］樊纲，王小鲁，朱恒鹏．中国市场化指数——各地区市场化相对进程2009年报告［M］．北京：经济科学出版社，2010.

［152］樊纲，王小鲁，张立文，等．中国各地区市场化相对进程报告［J］．经济研究，2003（3）：9-18+89.

［153］方红生，张军．财政集权的激励效应再评估：摄取之手还是援助之手？［J］．管理世界，2014（2）：21-31.

［154］付明卫，叶静怡，孟俣希，等．国产化率保护对自主创新的影响——来自中国风电制造业的证据［J］．经济研究，2015（2）：118-131.

［155］傅勇．财政分权、政府治理与非经济性公共物品供给［J］．经济研究，2010（8）：4-15+65.

［156］傅勇，张晏．中国式分权与财政支出结构偏向：为增长而竞争的代价［J］．管理世界，2007（3）：4-12+22.

[157] 郭克莎. 对中国外贸战略与贸易政策的评论［J］. 国际经济评论，2003（5）：31-34.

[158] 国家计委投资研究所和中国人民大学区域所课题组. 我国地区比较优势研究［J］. 管理世界，2001（2）：45-55.

[159] 国务院发展研究中心产业政策专题研究组. 我国产业政策的初步研究［J］. 计划经济研究，1987（5）：1-12.

[160] 韩乾，洪永淼. 国家产业政策、资产价格与投资者行为［J］. 经济研究，2014（12）：143-158.

[161] 韩永辉，黄亮雄，王贤彬. 产业政策推动了地方产业结构升级了吗？——基于发展型地方政府的理论解释和实证检验［J］. 经济研究，2017（8）：33-48.

[162] 洪银兴. 从比较优势到竞争优势——兼论国际贸易的比较利益理论的陷阱［J］. 经济研究，1997（6）：20-26.

[163] 黄玖立，吴敏，包群. 经济特区、契约制度与比较优势［J］. 管理世界，2013（11）：28-38.

[164] 黄少卿，陈彦. 中国僵尸企业的分布特征与分类处置［J］. 中国工业经济，2017（3）：24-43.

[165] 黄先海，宋学印，诸竹君. 中国产业政策的最优实施空间界定——补贴效应、竞争兼容与过剩破解［J］. 中国工业经济，2015（4）：57-69.

[166] 江飞涛，李晓萍. 直接干预市场与限制竞争：中国产业政策的取向与根本缺陷［J］. 中国工业经济，2010（9）：26-36.

[167] 江飞涛，李晓萍. 当前中国产业政策转型的基本逻辑［J］. 南京大学学报（哲学·人文科学·社会科学），2015（3）：17-24.

[168] 江飞涛，李晓萍. 改革开放四十年中国产业政策演进与发展——兼论中国产业政策体系的转型［J］. 管理世界，2018（10）：73-85.

[169] 江小涓. 论我国产业结构政策的实效和调整机制的转变［J］. 经济研究，1991（2）：9-15+68.

［170］江小涓．中国推行产业政策中的公共选择问题［J］．经济研究，1993（6）：3-18.

［171］江小涓．经济转轨时期的产业政策——对中国经验的实证分析与前景展望［M］．上海：上海人民出版社，1996.

［172］黎文靖，李耀淘．产业政策激励了公司投资吗？［J］．中国工业经济，2014（5）：122-134.

［173］黎文靖，郑曼妮．实质性创新还是策略性创新？——宏观产业政策对微观企业创新的影响［J］．经济研究，2016（4）：60-73.

［174］李辉文．现代比较优势理论的动态性质——兼评"比较优势陷阱"［J］．经济评论，2004（1）：42-47.

［175］李辉文．现代比较优势理论研究［M］．北京：中国人民大学出版社，2006.

［176］李力行，申广军．经济开发区、地区比较优势与产业结构调整［J］．经济学（季刊），2015，14（3）：885-910.

［177］李永友，沈坤荣．辖区间竞争、策略性财政政策与 FDI 增长绩效的区域特征［J］．经济研究，2008（5）：58-69.

［178］梁琦，张二震．比较利益理论再探讨——与杨小凯、张永生先生商榷［J］．经济学（季刊），2002，2（1）：239-250.

［179］梁若冰．财政分权下的晋升激励、部门利益与土地违法［J］．经济学（季刊），2010，9（1）：283-306.

［180］林毅夫．发展战略、自生能力和经济收敛［J］．经济学（季刊），2002，1（2）：269-300.

［181］林毅夫，李永军．比较优势、竞争优势与发展中国家的经济发展［J］．管理世界，2003（7）：21-28.

［182］林毅夫，刘培林．中国的经济发展战略与地区收入差距［J］．经济研究，2003（3）：19-25+89.

［183］林毅夫，孙希芳．经济发展的比较优势战略理论——兼评《对中国外贸战略与贸易政策的评论》［J］．国际经济评论，2003（6）：12-18.

［184］林毅夫，张维迎．产业政策之辩［J］．比较，2016（6）：162-202.

［185］林毅夫，蔡昉，李周．中国的奇迹：发展战略与经济改革［M］．上海：上海人民出版社，1994.

［186］林毅夫，蔡昉，李周．比较优势与发展战略——对"东亚奇迹"的再解释［J］．中国社会科学，1999（5）：4-20+204.

［187］陆国庆，王舟，张春宇．中国战略性新兴产业政府创新补贴的绩效研究［J］．经济研究，2014（7）：44-55.

［188］陆铭．大国大城——当代中国的统一、发展与平衡［M］．上海：上海人民出版社，2016.

［189］陆铭，陈钊．分割市场的经济增长——为什么经济开放可能加剧地方保护？［J］．经济研究，2009（3）：42-52.

［190］陆铭，陈钊，严冀．收益递增、发展战略与区域经济的分割［J］．经济研究，2004（1）：54-63.

［191］陆铭，陈钊，杨真真．平等与增长携手并进——收益递增、策略性行为和分工的效率损失［J］．经济学（季刊），2007，6（2）：443-468.

［192］陆铭，陈钊，王永钦，等．中国的大国经济发展道路［M］．北京：中国大百科全书出版社，2008.

［193］陆正飞，韩非池．宏观经济政策如何影响公司现金持有的经济效应——基于产品市场和资本市场两重角度的研究［J］．管理世界，2013（6）：43-60.

［194］路江涌，陶志刚．中国制造业区域集聚及国际比较［J］．经济研究，2006（3）：103-114.

［195］路江涌，陶志刚．我国制造业区域集聚程度决定因素的研究［J］．经济学（季刊），2007，6（3）：801-816.

［196］罗党论，佘国满，陈杰．经济增长业绩与地方官员晋升的关联性再审视——新理论和基于地级市数据的新证据［J］．经济学（季刊），2015，14（3）：1145-1172.

［197］毛其淋，许家云．政府补贴对企业新产品创新的影响——基于补贴强度"适度区间"的视角［J］．中国工业经济，2015（6）：94-107.

［198］聂辉华，江艇，杨汝岱．中国工业企业数据库的使用现状和潜在问题［J］．世界经济，2012，35（5）：142-158.

［199］潘士远，金戈．发展战略、产业政策与产业结构变迁——中国的经验［J］．世界经济文汇，2008（1）：64-76.

［200］青木昌彦，凯文·穆尔多克，奥野-藤原正宽．东亚经济发展中政府作用的新诠释：市场增进论［M］//青木昌彦，金滢基，奥野-藤原正宽．政府在东亚经济发展中的作用——比较制度分析．张春霖，等译．北京：中国经济出版社，1998.

［201］邵敏，包群．政府补贴与企业生产率——基于我国工业企业的经验分析［J］．中国工业经济，2012（7）：70-82.

［202］申广军．比较优势与僵尸企业：基于新结构经济学视角的研究［J］．管理世界，2016（12）：13-24+187.

［203］沈立人，戴园晨．我国"诸侯经济"的形成及其弊端和根源［J］．经济研究，1990（3）：12-19+67.

［204］施炳展，逯建，王有鑫．补贴对中国企业出口模式的影响：数量还是价格？［J］．经济学（季刊），2013，12（4）：1413-1442.

［205］宋凌云，王贤彬．重点产业政策、资源重置与产业生产率［J］．管理世界，2013（12）：63-77.

［206］苏振东，洪玉娟，刘璐瑶．政府生产性补贴是否促进了中国企业出口？——基于制造业企业面板数据的微观计量分析［J］．管理世界，2012（5）：24-42+187.

［207］孙伟增，吴建峰，郑思齐．区位导向性产业政策的消费带动效应——以开发区政策为例的实证研究［J］．中国社会科学，2018（12）：48-68.

［208］唐天伟．政府效率测度［M］．北京：经济管理出版社，2009.

［209］王佃凯．比较优势陷阱与中国贸易战略选择［J］．经济评论，

2002（2）：28-31.

　　［210］王克敏，刘静，李晓溪．产业政策、政府支持与公司投资效率研究［J］．管理世界，2017（3）：113-124+145+188.

　　［211］王贤彬，徐现祥．地方官员来源、去向、任期与经济增长——来自中国省长省委书记的证据［J］．管理世界，2008（3）：18-31.

　　［212］王贤彬，徐现祥．地方官员晋升竞争与经济增长［J］．经济科学，2010（6）：42-58.

　　［213］王贤彬，张莉，徐现祥．辖区经济增长绩效与省长省委书记晋升［J］．经济社会体制比较，2011（1）：110-122.

　　［214］王永进，张国峰．开发区生产率优势的来源：集聚效应还是选择效应［J］．经济研究，2016（7）：58-71.

　　［215］王永钦，张晏，章元，等．十字路口的中国经济：基于经济学文献的分析［J］．世界经济，2006，29（10）：3-20.

　　［216］王永钦，张晏，章元，等．中国的大国发展道路——论分权式改革的得失［J］．经济研究，2007（1）：4-16.

　　［217］魏后凯．从重复建设走向有序竞争——中国工业重复建设与跨地区资产重组研究［M］．北京：人民出版社，2001.

　　［218］文玫．中国工业在区域上的重新定位和集聚［J］．经济研究，2004（2）：84-94.

　　［219］吴敬琏．制度重于技术——论发展我国高新技术产业［J］．经济社会体制比较，1999（5）：1-6.

　　［220］吴敬琏．发展中国高新技术产业制度重于技术［M］．北京：中国发展出版社，2002.

　　［221］吴敬琏．产业政策面临的问题：不是存废而是转型［J］．兰州大学学报（社会科学版），2017（6）：1-9.

　　［222］吴一平，李鲁．中国开发区政策绩效评估：基于企业创新能力的视角［J］．金融研究，2017（6）：126-141.

　　［223］吴意云，朱希伟．中国为何过早进入再分散：产业政策与经济地

理［J］．世界经济，2015，38（2）：140-166.

［224］向宽虎，陆铭．发展速度与质量的冲突——为什么开发区政策的区域分散倾向是不可持续的？［J］．财经研究，2015（4）：4-17.

［225］小宫隆太郎，奥野正宽，铃村兴太郎．序章［M］//小宫隆太郎．日本的产业政策．黄晓勇，韩铁英，吕文忠，等译．北京：国际文化出版公司，1988：1-24.

［226］谢千里，罗斯基，张轶凡．中国工业生产率的增长与收敛［J］．经济学（季刊），2008，7（3）：809-826.

［227］解维敏，唐清泉，陆姗姗．政府R&D资助、企业R&D支出与自主创新——来自中国上市公司的经验证据［J］．金融研究，2009（6）：86-99.

［228］熊瑞祥，王慷慨．地方官员晋升激励、产业政策与资源配置效率［J］．经济评论，2017（3）：104-118.

［229］徐现祥，王贤彬．晋升激励与经济增长：来自中国省级官员的证据［J］．世界经济，2010，33（2）：15-36.

［230］徐现祥，王贤彬，高元骅．中国区域发展的政治经济学［M］//陆铭，陈钊，朱希伟，等．中国区域经济发展：回顾与展望．上海：格致出版社，上海人民出版社，2011：71-123.

［231］徐现祥，王贤彬，舒元．地方官员与经济增长——来自中国省长、省委书记交流的证据［J］．经济研究，2007（9）：18-31.

［232］许成钢．政治集权下的地方经济分权与中国改革［J］．比较，2008（36）：7-22.

［233］许成钢．中国经济改革的制度基础［J］．世界经济文汇，2009（4）：105-116.

［234］许和连，魏颖琦，赖明勇，等．外商直接投资的后向链接溢出效应研究［J］．管理世界，2007（4）：24-31.

［235］严冀，陆铭．分权与区域经济发展：面向一个最优分权程度的理论［J］．世界经济文汇，2003（3）：55-66.

［236］杨其静，吴海军．产能过剩、中央管制与地方政府反应［J］．世界经济，2016，39（11）：126-146.

［237］杨汝岱．中国制造业企业全要素生产率研究［J］．经济研究，2015（2）：61-74.

［238］杨汝岱，姚洋．有限赶超与经济增长［J］．经济研究，2008（8）：29-41.

［239］姚洋，张牧扬．官员绩效与晋升锦标赛——来自城市数据的证据［J］．经济研究，2013（1）：137-150.

［240］银温泉，才婉茹．我国地方市场分割的成因和治理［J］．经济研究，2001（6）：3-12+95.

［241］英格利西·H.爱德华．产业政策的回归与分析［M］//周小川．经济改革中的争议性问题——来自国外经济学家的论述．北京：中国对外经济贸易出版社，1990：64-88.

［242］余明桂，范蕊，钟慧洁．中国产业政策与企业技术创新［J］．中国工业经济，2016（12）：5-22.

［243］余明桂，回雅甫，潘红波．政治联系、寻租与地方政府财政补贴有效性［J］．经济研究，2010（3）：65-77.

［244］张川川．中国的产业政策、结构变迁和劳动生产率增长［J］．产业经济评论，2017（7）：17-33.

［245］张二震．国际贸易分工理论演变与发展述评［J］．南京大学学报（哲学·人文科学·社会科学版），2003（1）：65-73.

［246］张杰，郑文平．政府补贴如何影响中国企业出口的二元边际［J］．世界经济，2015，38（6）：22-48.

［247］张杰，陈志远，杨连星，等．中国创新补贴政策的绩效评估：理论与证据［J］．经济研究，2015（10）：4-17+33.

［248］张军，高远．官员任期、异地交流与经济增长——来自省级经验的证据［J］．经济研究，2007（11）：91-103.

［249］张军，周黎安．为增长而竞争：中国增长的政治经济学［M］．

上海：格致出版社，上海人民出版社，2008.

［250］张军，高远，傅勇，等．中国为什么拥有了良好的基础设施？［J］．经济研究，2007（3）：4-19.

［251］张莉，王贤彬，徐现祥．财政激励、晋升激励与地方官员的土地出让行为［J］．中国工业经济，2011（4）：35-43.

［252］张莉，朱光顺，李世刚，等．市场环境、重点产业政策与企业生产率差异［J］．管理世界，2019（3）：114-126.

［253］张莉，朱光顺，李夏洋，等．重点产业政策与地方政府的资源配置［J］．中国工业经济，2017（8）：63-80.

［254］张牧扬．晋升锦标赛下的地方官员与财政支出结构［J］．世界经济文汇，2013（1）：86-103.

［255］张维迎，栗树和．地区间竞争与中国国有企业的民营化［J］．经济研究，1998（12）：13-22.

［256］张晏．财政分权、FDI 竞争与地方政府行为［J］．世界经济文汇，2007（2）：22-36.

［257］张晏，龚六堂．分税制改革、财政分权与中国经济增长［J］．经济学（季刊），2005，5（1）：75-108.

［258］张晏，夏纪军，张文瑾．自上而下的标尺竞争与中国省级政府公共支出溢出效应差异［J］．浙江社会科学，2010（12）：20-26.

［259］张幼文．经济全球化与国家经济实力——以"新开放观"看开放效益的评估方法［J］．国际经济评论，2005（5）：5-9.

［260］赵英．中国产业政策实证分析［M］．北京：社会科学文献出版社，2000.

［261］郑江淮，高彦彦，胡小文．企业"扎堆"、技术升级与经济绩效——开发区集聚效应的实证分析［J］．经济研究，2008（5）：33-46.

［262］郑毓盛，李崇高．中国地方分割的效率损失［J］．中国社会科学，2003（1）：64-72+205.

［263］植草益．石油危机以后［M］∥小宫隆太郎．日本的产业政策．

黄晓勇，韩铁英，吕文忠，等译．北京：国际文化出版公司，1988：88-118.

[264] 钟甫宁，徐志刚，傅龙波．中国粮食生产的地区比较优势及其对结构调整政策的涵义 [J]．南京农业大学学报（社会科学版），2001（1）：38-52.

[265] 钟宁桦，刘志阔，何嘉鑫，等．我国企业债务的结构性问题 [J]．经济研究，2016（7）：102-117.

[266] 周飞舟．分税制十年：制度及其影响 [J]．中国社会科学，2006（6）：100-115+205.

[267] 周飞舟．以利为利：财政关系与地方政府行为 [M]．上海：上海三联书店，2012.

[268] 周黎安．晋升博弈中政府官员的激励与合作——兼论我国地方保护主义和重复建设问题长期存在的原因 [J]．经济研究，2004（6）：33-40.

[269] 周黎安．中国地方官员的晋升锦标赛模式研究 [J]．经济研究，2007（7）：36-50.

[270] 周黎安．转型中的地方政府：官员激励与治理 [M]．上海：格致出版社，上海人民出版社，2008.

[271] 周黎安．行政发包制 [J]．社会，2014（6）：1-38.

[272] 周黎安．"官场+市场"与中国增长故事 [J]．社会，2018（2）：1-45.

[273] 周黎安，李宏彬，陈烨．相对绩效考核：中国地方官员晋升机制的一项经验研究 [J]．经济学报，2005，1（1）：83-96.

[274] 周叔莲．谈谈产业政策 [M]//周叔莲，等．产业政策问题探索．北京：经济管理出版社，1987：1-15.

[275] 周叔莲，杨沐．国外产业政策研究 [M]．北京：经济管理出版社，1988.

[276] 周小川，杨之刚．谈产业政策的概念与选择 [J]．财贸经济，1992（7）：7-11.

[277] 周亚虹，蒲余路，陈诗一，等．政府扶持与新型产业发展——以

新能源为例〔J〕. 经济研究，2015（6）：147-161.

〔278〕周业安. 地方政府竞争与经济增长〔J〕. 中国人民大学学报，2003（1）：97-103.

〔279〕周业安，赵晓男. 地方政府竞争模式研究——构建地方政府间良性竞争秩序的理论和政策分析〔J〕. 管理世界，2002（12）：52-61.

〔280〕朱鹤，何帆. 中国僵尸企业的数量测度及特征分析〔J〕. 北京工商大学学报（社会科学版），2016，31（4）：116-126.

附录 中央产业政策的分类梳理

附表 中央产业政策分类、目的及相应的政策文件和目录

产业政策类型	目的和用途	颁布时间	产业政策	相应的产业目录
产业结构调整政策	规定了一个时期国民经济各个领域鼓励发展和淘汰限制的产品、服务和技术工艺	1989年	《国务院关于当前产业政策要点的决定》	《当前的产业发展序列目录》
		1994年	《90年代国家产业政策纲要》	《当前国家重点鼓励发展的产业、产品和技术目录（试行）》
		2005年	《促进产业结构调整暂行规定》	《产业结构调整指导目录》
针对外商直接投资（FDI）的产业政策	在中国外商投资专门执行针对外商的产业政策	1995年	《指导外商投资方向暂行规定》	《外商投资产业指导目录》
		1999年	《关于当前进一步鼓励外商投资的意见》	《中西部地区外商投资优势产业目录》
		2002年	《指导外商投资方向规定》	《外商投资产业指导目录》
重点产业政策	装备制造业	1994年	《机械工业振兴纲要》	
		2006年	《国务院关于加快振兴装备制造业的若干意见》	《国家支持发展的重大技术装备和产品目录》
				《重大技术装备和产品进口关键零部件、原材料商品清单》
		2009年	《装备制造业调整和振兴规划》	《装备制造业技术进步和技术改造项目及产品目录》

续表

产业政策类型	目的和用途	颁布时间	产业政策	相应的产业目录
重点产业政策	高新技术产业	1999 年		《当前优先发展的高技术产业化重点领域指南（1999 年度）》
		1999 年		《中国高新技术产品出口目录》
		2000 年		《中国高新技术产品目录》
		2003 年		《鼓励外商投资高新技术产品目录》
		2008 年		《国家重点支持的高新技术领域》
	战略性新兴产业	2010 年	《国务院关于加快培育和发展战略性新兴产业的决定》	《战略性新兴产业重点产品和服务指导目录》
地区指向的产业政策	针对中西部地区，用于平衡区域经济发展的产业政策	2010 年	《国务院关于中西部地区承接产业转移的指导意见》	《产业转移指导目录（2012 年本）》
		2014 年		《西部地区鼓励类产业目录》
抑制产能过剩的产业政策	针对产能过剩行业的产业政策	1999 年		《淘汰落后生产能力、工艺和产品的目录》（第一批）
				《工商投资领域制止重复建设目录（第一批）》
		2006 年	《国务院关于加快推进产能过剩行业结构调整的通知》	
		2009 年	《关于抑制部分行业产能过剩和重复建设引导产业健康发展的若干意见》	
		2013 年	《国务院关于化解产能严重过剩矛盾的指导意见》	

续表

产业政策类型	目的和用途	颁布时间	产业政策	相应的产业目录
针对某类行业的产业政策	汽车	1994 年	《汽车工业产业政策》	
		2004 年	《汽车产业发展政策》	
		2009 年	《汽车产业调整和振兴规划》	《汽车产业技术进步和技术改造投资方向（2010 年）》
	钢铁	2005 年	《钢铁产业发展政策》	
		2009 年	《钢铁产业调整和振兴规划》	《钢铁产业技术进步与技术改造投资方向（2009 年—2011 年）》
	有色金属	2009 年	《有色金属产业调整和振兴规划》	
	石化	2009 年	《石化产业调整和振兴规划》	《石化产业技术进步与技术改造项目及产品目录》
	轻工业	2009 年	《轻工业调整和振兴规划》	《轻工业技术进步与技术改造投资方向（2009-2011 年）》
	电子信息	2009 年	《电子信息产业调整和振兴规划》	《电子信息产业技术进步和技术改造投资方向》
	船舶	2009 年	《船舶工业调整和振兴规划》	《船舶工业技术进步与技术改造投资方向（2009-2011）》
	纺织工业	2009 年	《纺织工业调整和振兴规划》	《纺织工业技术进步与技术改造投资方向（2009-2011 年）》

注：产业政策颁布以后，相应的目录会随着时间不定期地进行修订，为了节省篇幅，这里并没有包含目录的演变。

后　记

　　本书由本人的博士学位论文修订而成。博士学位论文是在导师——复旦大学经济学院教授陈钊和博士学位论文指导小组老师——上海交通大学安泰经济与管理学院特聘教授陆铭、复旦大学经济学院教授范剑勇和香港中文大学社会科学部教授陈庆池指导下独立完成的。感谢导师和指导小组中各位老师的辛勤付出。博士学位论文中的部分成果以第一作者发表于中文权威期刊《世界经济》和《经济学（季刊）》，《经济学（季刊）》的论文是卷首文章，并被同年的《社会科学文摘》转载。博士学位论文以全优通过答辩。本书的出版获得中国社会科学院创新工程学术出版资助。